Le petit livre des prénoms

FIRST
Editions

ISBN : 978-2-7540-0747-4
Dépôt légal : 1er trimestre 2008
Imprimé en Italie
Conception couverture : Bleu T

Édition : Marie-Anne Jost

Conception graphique : Georges Brevière

Introduction

Choisir un prénom pour son enfant, c'est la première des responsabilités que l'on assume envers lui, le premier geste d'amour aussi.

Pendant des dizaines d'années, plus de quatre-vingts ans peut-être, ce prénom sera le mot que votre enfant entendra le plus souvent. Même s'il est porté par des milliers d'autres personnes, ce prénom sera le sien. Il sera lui. C'est pourquoi ce choix du cœur doit aussi être celui de la raison.

Pendant des siècles, le choix a été limité à quelques dizaines de prénoms. Au Moyen Âge, ce sont des Charles, Louis, Philippe, quelques Robert et quelques Enguerrand, Jeanne, Blanche, Marguerite, Isabelle, quelques Bertrade et quelques Mahaut qui peuplent la France. Au XIXe siècle, voici les générations de Louis, Pierre, Paul, avec quelques Émile et Honoré ; Jeanne, Marie avec quelques Marthe et Berthe. La première moitié du XXe siècle se débride un peu : Jean et Marie s'unissent à d'autres prénoms, tout aussi classiques, pour former l'éventail des prénoms composés, Michel, Bernard, Christine et Martine fleurissent. Depuis les années 1970, le choix s'étend et n'a plus guère de limites.

Aujourd'hui, entre les prénoms traditionnels, les prénoms classiques et intemporels, les prénoms « tendance » et les prénoms délibérément originaux, la gamme est immense.

Les prénoms en vogue aujourd'hui

À chaque décennie sa mode ! Les prénoms sont le reflet des goûts personnels des parents, certes, mais aussi le résultat des tendances du moment. Les prénoms ont toujours été révélateurs de leur époque : par exemple, les André ont, en général, plus de soixante ans, les Marie-Laure fréquentaient les rallyes dans les années 1970, les Ophélie ont signé la fin du XXe siècle.

En ce début de XXIe siècle, les grands traditionnels comme Sophie, François et Nicolas ont toujours le vent en poupe. Mais les tendances se diversifient aussi vers de nouveaux horizons.

Les formes dérivées des prénoms classiques

Ils se déclinent sur plusieurs modes.

- Charles se transforme en Charlie, Charlotte, Carla…
- Élisabeth se contracte en Élisa, Élise, Elsa, Lisa ou Lise
- Hélène donne Lenny pour les garçons, Hona, Ilona, Elena, Éléa pour les filles.
- Louis se décline en Aloïs, Loïs, Aloïse, Héloïse, Loane, Lou, Louane, Louise…

- Luc donne Lucas (le grand favori) ainsi que Lucie et Lucile, elles aussi très appréciées
- Marguerite se modernise en Margot (ou Margaux), ou encore en Marjorie...

Les BCBG

Alix, Blanche, Sixtine, Ambroise, Baudouin, Édouard, Éloi, Maylis signent leur milieu social.

Les prénoms des quatre vents

Pendant des décennies, la vogue fut exclusivement aux prénoms typiquement français. D'ailleurs, les parents n'avaient guère le choix. Les officiers d'état civil n'acceptaient pas les fantaisies et toute consonance étrangère les faisait sourciller. Aujourd'hui, les frontières du cœur s'ouvrent aussi.

- Les prénoms slaves :

Après Nicolas et Cyril, c'est Alexis qui triomphe à l'état civil. Suivi par Sacha, Boris et Dimitri qui font leur apparition, accompagnés de Sonia et Tatiana.

- Les prénoms scandinaves :

Après les belles Astrid et Ingrid, ce sont Solveig et Niels qui apparaissent.

- Les prénoms anglo-saxons :

Dans les années 1960, Eddy et Johnny ont apporté

un souffle nouveau, celui du mythe de l'Amérique, de la liberté, du modernisme. Puis, avec le déferlement des séries télévisées en Europe et la médiatisation des stars du cinéma, de nouveaux prénoms séduisent les parents : Anthony, Audrey, Kevin, Jordan ouvrent la marche à Brendan, Brian, Jason, Ryan. Aujourd'hui, on rencontre des Kimberley, Kelly, Killian, Sidney, Sullivan.

- Les prénoms qui viennent du Sud :

Après l'Est et l'Ouest, c'est le Sud qui est porteur de sonorités nouvelles ; il ne s'agit, en fait, que de grands classiques que les voyelles font chanter.

Du côté de l'Italie :

- Andréa pour André,
- Angelo pour Angel,
- Enzo pour Henri,
- Lorenzo pour Laurent,
- Marco pour Marc,
- Mattéo pour Mathieu,
- Carla pour Charlotte,
- Chiara pour Claire,
- Ornella pour Aurélie...

Du côté de l'Espagne :

- Esteban pour Stéphane,
- Inès pour Agnès,
- Pablo pour Paul…

- Les prénoms venus d'ailleurs :

Ewan l'Irlandais, Owen le Gallois, Enora la Bretonne, Ilona la Hongroise, les Néerlandais Joris, Loris, Mathis se font entendre de plus en plus souvent.

Les diminutifs

Ils sortent de l'intimité familiale pour s'exprimer au grand jour : Léo, Lou, Alex, Titouan, Tim, Tom, Théa et Théo sans oublier Sacha.

Le retour au XIXe siècle

L'histoire, dit-on, est un éternel recommencement... On le constate : les prénoms du XIXe siècle reviennent au goût du jour (Adèle, Augustine, Eugénie, Madeleine, Victorine pour les filles ; Alphonse, Ernest, Félix, Gustave, Jules et Léon pour les garçons).

L'Histoire

Achille, Hector et Virgile, Cassandre et Bérénice, sont d'actualité, tout comme... Adam et Ève !

Les nouveaux prénoms composés

Si les Jean-François et les Marie-Claire des années 1950 sont oubliés, les prénoms composés demeurent, plus originaux.

Au hit-parade :

- Léo-Paul, Louise-Marie, Pierre-Louis, Pierre-Antoine pour les garçons.

- Lou-Anne, Marie-Lou, Lisa-Marie, Marie-Sarah pour les filles.

Comment choisir le prénom de votre enfant ?

Choix de la raison ou choix du cœur ? L'idéal est que l'un ne contrarie pas l'autre. Votre attirance pour un prénom est le critère de choix essentiel. Mais lorsque votre cœur balance, comment départager vos favoris ? Considérez :

L'image du prénom

Certaines images s'imposent à l'esprit lorsque l'on imagine un enfant au son de son prénom : Solveig est blonde, Romain est brun.

Le prénom a une influence sur le caractère d'un enfant mais, à l'inverse, il doit aussi correspondre à la représentation que ses parents se font de lui avant sa naissance. Alban est un tranquille, Marceau, un fougueux, Pierre, un solide, Alizée est une calme, Éléonore, une volontaire, Salomé, une charmeuse…

L'harmonie avec votre nom de famille

Le plus beau prénom risque d'être affaibli par un patronyme qui s'accorde mal avec sa sonorité. Attention aux syllabes discordantes : Lucas Allier, Bérénice Nicet…

L'accord de l'état civil

Jusqu'en 1993, le Code civil posait des limites très strictes aux choix des prénoms : seuls étaient admis les prénoms figurant au calendrier, et à la rigueur, ceux des personnages historiques.

La loi du 8 janvier 1993 offre maintenant aux parents la liberté quasi totale du choix du prénom de leur enfant. À condition, toutefois, qu'il ne porte pas préjudice aux intérêts de celui ou celle qui le portera. Heureuse réserve, car certains parents, s'ils ont une imagination fertile, ne sont pas dotés du meilleur goût.

Un prénom ridicule ou grossier est, en principe, systématiquement rejeté par l'officier d'état civil qui reçoit la déclaration. Il avise le procureur de la République qui peut statuer ou saisir le juge aux Affaires familiales. En dernier lieu, c'est le juge qui prend la décision d'accepter le prénom proposé, ou de le refuser. Dans ce cas, il demande aux parents de choisir un autre prénom plus conforme aux intérêts de l'enfant. S'ils refusent, c'est lui qui attribue à l'enfant son prénom définitif. La mention de la décision est, alors, portée en marge des actes de l'état civil de l'enfant.

Ce petit livre vous propose plus de quatre cents prénoms dans l'air du temps. Votre cœur balance entre Chiara, Apolline et Victoire ? Entre Yanis, Augustin ou Émile ? Parlez de votre bébé en le nommant tour à tour par l'un et l'autre prénom. Très vite, vous décèlerez votre préférence. Peut-être, d'ailleurs, est-ce lui qui, par la magie de la tendresse, vous fera comprendre ce qu'il souhaite ?

Le calendrier de La Poste présente un saint par jour. Or, il y a plus de 6 200 saints et bienheureux inscrits au calendrier de l'Église, sans compter les martyrs qui sont célébrés le jour de leur mort : plus de 10 000 à Rome et 11 000 à Cologne ! Entre plusieurs saints portant le même prénom, nous avons fait un choix personnel qui peu paraître arbitraire, mais qui était nécessaire. Ne vous étonnez donc pas si, à votre prénom, la date de la fête ne correspond pas à celle que vous aviez l'habitude de célébrer.

↑ **Tendance,** prénom très apprécié aujourd'hui.

↗ **Frémissant,** prénom qui commence à apparaître ou à réapparaître à l'état civil.

→ **Classique,** prénom qui n'est jamais réellement démodé, mais jamais non plus au hit-parade

A

Adèle

Prénom d'origine germanique qui signifie « noble ». **Personnalité :** affectivité, fantaisie, détermination, émotivité. **Fête** le 24 décembre. **Sainte Adèle,** fille du roi d'Austrasie au VIIe siècle, se retire dans un couvent à la mort de son mari et se consacre aux œuvres charitables. **Variantes :** Adélaïde, Adeline, Alice. **Célébrité :** Adèle, fille de Victor Hugo.

Agathe

Prénom d'origine grecque qui signifie « bonne ». **Personnalité :** générosité, sensibilité, douceur, détermination. **Fête** le 5 février. **Sainte Agathe,** jeuneSicilienne chrétienne du IIIe siècle, repousse les avances du préfet romain qui la condamne au martyre. **Célébrité :** Agatha Christie, romancière.

Albane

Prénom d'origine latine, féminin d'Alban qui signifie « blanc ». **Personnalité :** vivacité, travail, ambition, exigence. **Fête** le 22 juin. **Saint Alban,** habitant d'un village en Angleterre, est païen. Mais il ne refuse pas l'hospitalité à un prêtre traqué par les soldats romains. Il se convertit et endosse l'habit du prêtre pour être capturé à sa place. **Variantes :** Alba, Albine. **Masculins :** Alban, Albin.

Alexane

Prénom d'origine grecque, féminin dérivé d'Alexis, qui signifie « celui qui repousse pour protéger ». **Personnalité :** réflexion, réserve, étude, sens des responsabilités. **Fête** le 17 février. **Saint Alexis,** riche marchand florentin au XIIIe siècle, fondateur de l'ordre des servites de Marie, est son patron. **Variantes :** Alexia, Alexiane, Alexine.

Alexia

Forme féminine d'Alexis, d'origine grecque, signifiant « qui repousse l'ennemi ». **Personnalité :** réserve, intuition, observation, exigence. **Fête** le 17 février. **Saint Alexis,** italien, fut au XIIIe siècle le fondateur de l'ordre des Serviteurs de Marie.

Alice

Prénom d'origine germanique, dérivé d'Adèle qui signifie « noble ». **Personnalité :** vivacité, intuition, créativité, communication **Fête** le 16 décembre.

Sainte Alice, galiléenne au IIIe siècle, mit au monde onze fils mort-nés ; elle se convertit à la naissance du douzième, qui devint patriarche de Constantinople. **Variante :** Alicia. **Célébrités :** héroïne d'Alice au pays des merveilles de Lewis Caroll au XIXe siècle ; les filles d'Anne Roumanoff, de Luciano Pavarotti.

Alicia

Prénom d'origine germanique, forme anglo-saxonne d'Alice, dérivée d'Adèle, qui signifie « noble ». **Personnalité :** énergie, autorité, sens artistique, fidélité. **Fête** le 16 décembre. **Sainte Alice** vit en Galilée au IIIe siècle ; elle accouche de onze fils morts-nés ; à la naissance du douzième, bien vivant, né quelques mois après le décès accidentel de son mari, elle se convertit. **Célébrités :** Alicia Keys, chanteuse ; Alicia Silverstone, actrice américaine ; la fille de Paul Anka. **Variantes :** Alycia, Alyssa, Alyssia.

Alix

Prénom d'origine germanique, dérivé d'Adèle qui signifie « noble ». **Personnalité :** volonté, indépendance, autorité, franchise. **Fête** le 9 janvier. **Sainte Alix,** jeune Vosgienne au XVIe siècle, fonde la congrégation de Notre-Dame et se consacre à l'éducation des jeunes filles pauvres. **Variante :** Alisson.

Aloïse

Prénom d'origine germanique, dérivé de Louis, qui signifie « glorieux combattant ». **Personnalité :** affectivité, curiosité, émotivité, réserve. **Fête :** le 15 mars. **Sainte Louise,** fondatrice de l'ordre des Filles de la Charité avec saint Vincent de Paul, au XVIIe siècle, est sa patronne. **Autre orthographe :** Aloyse. **Variantes :** Éloïse, Héloïse.

Amandine

Prénom d'origine latine, qui signifie « qui aime ». **Personnalité :** étude, réflexion, intuition, observation. **Fête** le 9 juillet. **Sainte Amandine,** missionnaire en Chine, subit le martyre au XXe siècle. **Variantes :** Manda, Mandy.

Ambre

Prénom d'origine latine, version féminine d'Ambroise qui signifie « immortel ». **Personnalité :** imagination, charme, éloquence, vivacité. **Fête** le 7 décembre. **Saint Ambroise,** avocat, gouverneur en Italie au IVe siècle, devient théologien, évêque, puis docteur de l'Église. **Variantes :** Amber, Ambrine.

Ambrine

Prénom d'origine grecque, dérivé de Ambre qui signifie « immortel ». **Personnalité :** discrétion, activité, émotivité, sociabilité. **Fête** le 7 décembre. **Saint Ambroise,** avocat puis gouverneur d'une province en Italie au IVe siècle, devint théologien et écrivit des manuels d'éducation religieuse ; il est docteur de l'Église.

Amélie

Prénom d'origine latine, variante d'Émilie. **Personnalité :** communication, générosité, réserve, exigence. **Fête** le 19 septembre. **Sainte Amélie** partagea le martyre de sainte Blandine, à Lyon au IIe siècle. **Variante :** Amalia. **Célébrité :** Amélie Nothomb.

Anaëlle

Prénom d'origine hébraïque, dérivé d'Anne qui signifie « grâce ». **Personnalité :** curiosité, vivacité, indépendance, autorité. **Fête** le 26 juillet. **Sainte Anne,** mariée depuis vingt ans avec saint Joachim, se désespère de ne pas avoir d'enfants ; ses prières sont exaucées, elle met au monde Marie, qui deviendra la mère de Jésus.

Anaïs

↗

Prénom d'origine hébraïque, forme provençale d'Anne, qui signifie « grâce ». **Personnalité :** activité, charme, vivacité, sens des responsabilités. **Fête :** le 26 juillet. **Sainte Anne** est la mère de la Vierge Marie.

Andréa

↑

Prénom d'origine grecque, version féminine d'André qui signifie « homme ». **Personnalité :** sensibilité, altruisme, ambition, amitié. **Fête** le 19 juillet. **Sainte Andrée,** chrétienne à Jérusalem au IIIe siècle, apporta son soutien aux martyrs. **Variante :** Andrée.

Angèle

↗

Prénom d'origine grecque, version féminine d'Ange qui signifie « messager ». **Personnalité :** ambition, courage, générosité, autorité. **Fête** le 27 janvier. **Sainte Angèle,** née dans une famille riche d'Ombrie en Italie au XVe siècle, se convertit, abandonne sa vie mondaine et se consacre à la prière et à la pénitence **Variantes :** Angéla, Angélique, Angie. **Masculins :** Ange et Angel. **Célébrité :** la fille de Miou-Miou.

Anna

Prénom d'origine hébraïque, forme bretonne d'Anne qui signifie « grâce ». **Personnalité :** exigence, fierté, persévérance, travail. **Fête** le 26 juillet. **Sainte Anne** est la mère de la Vierge. **Célébrités :** Anna Gavalda, romancière ; la fille de Benjamin Biolay et Chiara Mastroianni ; la fille de Lech Walesa.

Apolline

Prénom d'origine grecque qui signifie « relative à Apollon ». **Personnalité :** intelligence, prudence, curiosité, esprit critique. **Fête** le 9 février. **Sainte Apolline,** religieuse en Égypte au IIIe siècle, refuse de renier sa foi et meurt en martyr. **Masculin :** Apollinaire.

Audrey

Prénom d'origine celte dérivé d'Audren qui signifie « royal ». **Personnalité :** calme, détermination, réflexion, étude. **Fête** le 23 juin. **Sainte Audrey,** princesse royale en Angleterre au VIIe siècle, est contrainte de se marier pour raisons politiques ; elle se soumet. Mais, à son veuvage, elle fonde une abbaye où elle se retire.

Aurélie

Prénom d'origine latine, version féminine de Aurèle qui signifie « en or ». **Personnalité :** combativité, impatience, détermination, charme. **Fête** le 13 octobre. **Sainte Aurélie,** fille d'Hugues Capet, fonda plusieurs abbayes à Blois au XIe siècle. **Variante :** Aurélia.

Aurore

Prénom d'origine latine qui signifie « aurore ». **Personnalité :** affectivité, harmonie, diplomatie, charme. **Fête :** le 19 juillet. **Sainte Aura** fut une reiligieuse espagnole martyre à Cordoue au IXe siècle.

Axelle

Prénom d'origine hébraïque, qui signifie « père de la paix ». **Personnalité :** optimisme, curiosité, souplesse, charme. **Fête** le 21 mars. **Saint Axel** fut évêque en Allemagne au XIIe siècle. **Célébrité :** Axelle Red.

B

Bérénice

Prénom d'origine grecque qui signifie « porteuse de victoire ». **Personnalité :** prudence, réflexion, discrétion. **Fête** le 4 octobre. **Sainte Bérénice,** chrétienne à Antioche au IIIe siècle, refuse de céder aux avances des soldats romains et se jette dans le fleuve. **Célébrités :** Bérénice, princesse descendante d'Hérode le Grand, maîtresse de l'empereur romain Titus ; Bérénice Béjar, actrice.

Bertille

Prénom d'origine germanique, féminin de Bertil qui signifie « réputé habile ». **Personnalité :** générosité, autorité, émotivité, esprit critique. **Fête** le 6 novembre. **Sainte Bertile** est la première abbesse du monastère de Chelles, en Île-de-France, au VIIIe siècle. **Autre orthographe** : Bertile.

Blanche

Prénom d'origine latine qui signifie « blanche ». **Personnalité :** vivacité, intelligence, franchise, émotivité. **Fête** le 22 février. **Sainte Blanche** fonda le premier orphelinat de Pise, au VIe siècle. **Variante :** Blancheflor. **Célébrité :** Blanche de Castille, reine de France, femme de Louis VIII et mère de Saint Louis.

Blandine

Prénom d'origine latine, qui signifie « caressante ». **Personnalité :** réserve, discrétion, prudence, réflexion. **Fête** le 2 juin. **Sainte Blandine** fut martyre à Lyon au IIe siècle.

C

Camélia

Prénom d'origine latine qui signifie « camélia ». **Personnalité :** détermination, franchise, passion, combativité **Fête** le 5 octobre **Sainte Fleur,** religieuse au XIVe siècle dans le Quercy, est la patronne de Camélia.

Camille

Prénom mixte d'origine latine qui signifie « qui fait partie des Camillus » (nom donné aux jeunes gens qui assistaient les prêtres pendant les sacrifices aux dieux païens) **Personnalité :** sociabilité, travail, sens des responsabilités, indépendance. **Fête** le 14 juillet. **Saint Camille,** riche romain au XIVe siècle, devient infirmier et fonde un ordre religieux consacré aux soins des malades. **Célébrités :** une héroïne des *Petites Filles modèles* de la comtesse de Ségur ; Camille Claudel, sculpteur, sœur de l'écrivain Paul Claudel et maîtresse de Rodin ; la fille de la princesse Stéphanie de Monaco.

Candice

Prénom d'origine latine qui signifie « blanc ». **Personnalité :** charme, humour, éloquence, élégance **Fête** le 3 octobre. **Sainte Candice,** religieuse danoise, mourut en martyr au IIIe siècle pour avoir refusé de s'incliner devant des idoles païennes. **Célébrité :** Candice Bergen, actrice américaine.

Capucine

Prénom d'origine italienne qui signifie « capucin ». **Personnalité :** passion, idéalisme, travail, volonté. **Fête** le 5 octobre. **Sainte Fleur,** patronne de Capucine, est religieuse dans le Quercy au XIVe siècle.

Carla

Prénom d'origine germanique, l'une des versions féminines de Carl qui signifie « viril ». **Personnalité :**

droiture, indépendance, franchise, travail. **Fête** le 4 novembre. **Saint Charles Borromée,** au XVIe siècle, renonce à la fortune et aux loisirs pour devenir archevêque de Milan et se dévouer à son diocèse. **Célébrité :** Carla Bruni, mannequin et chanteuse.

Cassandre

Prénom d'origine grecque, du nom d'une héroïne de la mythologie qui avait reçu des dieux de l'Olympe le don de prophétie, mais qui n'était jamais écoutée. **Personnalité :** sociabilité, gaieté, curiosité, charme. **Fête** le 1er novembre. **Variante :** Cassandra.

Céleste

Prénom mixte d'origine grecque qui signifie « des cieux ». **Personnalité :** harmonie, responsabilité, charisme, écoute. **Fête :** le 14 octobre. **Saint Céleste,** évêque de Metz au IVe siècle, s'illustra par sa bonté et sa piété.

Célia

Prénom d'origine latine, dérivé de Cécile qui signifie « aveugle ». **Personnalité :** adaptabilité, éloquence, humour, sociabilité. **Fête** le 22 novembre. **Sainte Cécile,** riche patricienne romaine au IIe siècle, se convertit et lègue tous ses biens à l'Église.

Céline

Prénom d'origine latine qui signifie « celer ». **Personnalité :** charisme, ambition, volonté, sociabilité. **Fête** le 21 octobre. **Sainte Céline,** mère de saint Rémi, est à Laon au Ve siècle, une chrétienne dévouée aux pauvres et aux malades. **Célébrité :** Céline Dion, chanteuse.

Charlie

Prénom d'origine germanique, forme mixte de Charles, qui signifie « viril ». **Personnalité :** exigence, émotivité, passion, activité. **Fête :** le 4 novembre. **Saint Charles Borromée,** archevêque de Milan au XVIe siècle, est son patron.

Charlotte

Prénom d'origine germanique, l'une des versions féminines de Charles qui signifie « viril ». **Personnalité :** intuition, générosité, sensibilité, communication. **Fête** le 17 juillet. **Sainte Charlotte** est la doyenne des carmélites de Compiègne, guillotinée avec ses compagnes pendant la Révolution. **Célébrités :** Charlotte Brontë, écrivain anglais du XIXe siècle ; Charlotte Gainsbourg, actrice ; Charlotte Casiraghi, fille de la princesse Caroline de Monaco ; la fille de Sigourney Weaver.

Chiara

Forme italienne de Claire, d'origine latine, signifiant « claire ». **Personnalité :** sens de l'observation et de l'analyse, humour, persévérance. **Fête** le 11 août. **Sainte Claire d'Assise** est la fondatrice de l'ordre des Pauvres Dames, appelé plus tard « Clarisses » en son honneur. **Célébrité :** Chiara Mastroïanni.

Chloé

Prénom d'origine grecque qui signifie « jeune pousse ». **Personnalité :** activité, curiosité, spontanéité, éloquence. **Fête** le 5 octobre. **Sainte Fleur,** patronne de Chloé, est religieuse dans le Quercy au XIVe siècle. **Célébrité :** Chloé Sévigny, actrice.

Ciara

Prénom d'origine celte, qui signifie « brune ». **Personnalité :** dynamisme, indépendance, souplesse, curiosité. **Variante :** Ciaran.

Claire

Prénom d'origine latine qui signifie « claire ». **Personnalité :** sens de l'observation, communication, éloquence, humour. **Fête** le 11 août. **Sainte Claire** quitte sa famille à 18 ans pour fonder, sous la protection de saint François d'Assise, un monastère et un ordre auquel elle donne son nom « Les Clarisses ». **Variantes :** Chiara, Clara, Clarisse. **Célébrités :** Claire Brétécher, auteur de BD ; Claire Chazal, journaliste ; Claire Keim, actrice.

Clara

Prénom d'origine latine, forme italienne de Claire qui signifie « claire ». **Personnalité :** sens de l'observation, communication, sens de l'humour. **Fête** le 11 août. **Sainte Claire** fonde avec le concours de saint François d'Assise l'ordre des clarisses au XIIe siècle.

Clarisse

Prénom d'origine latine, dérivé de Claire qui signifie « claire ». **Personnalité :** autorité, énergie, activité, curiosité. **Fête** le 12 août. **Sainte Clarisse** est fondatrice d'un monastère à Remiremont dans les Vosges, au VIe siècle.

Cléa

Prénom d'origine latine, diminutif de Clélia, qui signifie « issue de la famille Clœliœ ». **Personnalité :** douceur, harmonie, générosité, travail. **Fête :** le 13 juillet. **Sainte Clélia** est sa patronne.

Clélia

Prénom d'origine latine qui signifie « issue de la famille Clœliæ », riche famille patricienne de Rome au Ier siècle. **Personnalité :** harmonie, diplomatie, sens des responsabilités, charme. **Fête :** le 13 juillet. **Sainte Clélia** fut une pieuse institutrice en Italie au XIXe siècle. **Variantes :** Clélie, Cloélia. **Diminutif :** Cléa.

Clémence

Prénom d'origine latine qui signifie « indulgence » **Personnalité :** douceur, générosité, calme, altruisme **Fête** le 21 mars **Sainte Clémence** entre dans les ordres à l'abbaye des Bénédictines à Trèves au XIIe siècle, après la mort de son mari. **Variante :** Clémentine **Masculins :** Clément. **Célébrités :** la reine Clémence de Hongrie, femme de Louis X le Hutin ; la fille de Ségolène Royal et François Hollande.

Cléo

Prénom d'origine grecque, diminutif de Cléophas, qui signifie « qui célèbre ». **Personnalité :** énergie, ambition, générosité, franchise. **Fête :** le 2 décembre. **Saint Cléophas** fut disciple du Christ au Ier siècle.

Clotilde

Prénom d'origine germanique qui signifie « glorieux combat ». **Personnalité :** énergie, dévouement, prudence. **Fête** le 4 juin **Sainte Clothilde** est l'épouse du roi franc Clovis qu'elle incite à se faire baptiser avec son armée. **Célébrités :** la princesse de Savoie, fille du roi Victor Emmanuel II ; Clotilde Courau, actrice.

Coline

Prénom d'origine grecque, dérivé de Colette qui signifie « victoire du peuple ». **Personnalité :** opiniâtreté, prudence, travail, affectivité. **Fête** le 6 mars. **Sainte Colette** fut, au XVe siècle, à l'origine de la réforme de l'ordre des Clarisses. **Masculins :** Colin, Nicolas. **Célébrité :** Coline Serreau, cinéaste.

Constance

Prénom d'origine latine, forme féminine de Constant qui signifie « persévérance ». **Personnalité :** sens du devoir et des responsabilités, goût de l'harmonie, générosité. **Fête** le 27 juillet. **Sainte Constance** refusa de céder aux avances de Néron et fut jetée dans l'arène. **Célébrités :** les reines Constance de Provence, femme de Robert le Pieux, deuxième roi Capétien et Constance de Castille, femme de Louis VII.

D

Daphné

Prénom d'origine grecque qui signifie « laurier ». **Personnalité :** éloquence, élégance, curiosité, vivacité. **Fête** le 10 novembre. **Sainte Nymphe** est chrétienne en Asie Mineure au IIIe siècle et persécutée par l'empereur Dèce. **Célébrités :** Daphné Roulier, journaliste ; la fille de Douglas Fairbanks.

Domitille

Prénom d'origine latine, version féminine de Domitien qui signifie « de la maison ». **Personnalité :** idéalisme, émotivité, harmonie, exigence. **Fête** le 7 mai. **Sainte Domitille,** mère de famille nombreuse, à Rome au Ier siècle, élève ses enfants dans la foi. Arrêtée, elle est condamnée à l'exil dans une île au large de l'Italie.

Doriane

Prénom d'origine grecque, dérivé de Dorothée qui signifie « don de Dieu ». **Personnalité :** réalisme, sensibilité, indépendance, affectivité. **Fête** le 6 février. **Sainte Dorothée,** chrétienne d'Asie Mineure au

IIIe siècle, est persécutée par les soldats romains. Elle convertit ses gardiennes et l'avocat qui tente de lui faire renier sa foi. **Variante :** Dorine.

E

Eden

Prénom d'origine hébraïque qui signifie « paradis ». **Personnalité :** autorité, sensibilité, travail, persévérance.

Éléa

Prénom d'origine grecque, dérivé d'Hélène, qui signifie « éclat du soleil ». **Personnalité :** indépendance, activité, émotivité, ambition. **Fête :** le 18 août. **Sainte Hélène,** fille d'un aubergiste à Rome au IIIe siècle, épousa l'empereur Constance Chlore et fut la mère de Constantin ; elle se convertit et favorisa le christianisme dans l'empire.

Élena

Prénom d'origine grecque, forme espagnole et italienne d'Hélène, qui signifie « éclat du soleil ». **Personnalité :**

énergie, affectivité, courage, sens des responsabilités. **Fête :** le 18 août. **Sainte Hélène,** fille d'un aubergiste à Rome au IIIe siècle, épousa l'empereur Constance Chlore et fut la mère de Constantin ; elle se convertit et favorisa le christianisme dans l'empire.

Éléonore

Prénom d'origine grecque qui signifie « qui a de la compassion ». **Personnalité :** goût du pouvoir, courage, esprit d'entreprise. **Fête** le 21 février. **Sainte Éléonore,** veuve du roi de Sicile, se retira dans un couvent franciscain à la mort de son mari. **Variantes :** Aliénor, Léonore.

Elia

Prénom d'origine hébraïque, forme féminine d'Elie qui signifie « Yahvé est Dieu ». **Personnalité :** persévérance, discrétion, courage, sensibilité. **Fête** le 20 juillet. **Elie** fut prophète au IXe siècle avant J.-C. **Variante :** Eliane.

Elina

Prénom d'origine grecque, variante d'Hélène qui signifie « éclat du soleil ». **Personnalité :** dualité, discrétion, ténacité, passion. **Fête** le 18 août.

Sainte Hélène est, au IIIe siècle, la mère de l'empereur d'Orient Constantin, qu'elle parvient à convertir.

Élisa

Prénom d'origine hébraïque, dérivé de Élisabeth qui signifie « Dieu est plénitude ». **Personnalité :** passion, vivacité, indépendance, volonté. **Fête** le 17 novembre. **Sainte Élisabeth,** cousine de Marie, est sa patronne. **Célébrité :** la fille de Cristina Réali et Francis Huster.

Élise

Prénom d'origine hébraïque, dérivé d'Élisabeth qui signifie « Dieu est plénitude ». **Personnalité :** indépendance, passion, impatience, opportunisme. **Fête** le 17 novembre. Dans l'Évangile, **sainte Élisabeth** est la cousine de Marie et la mère de saint Jean-Baptiste. **Variantes :** Élisa, Elsa. **Célébrité :** la fille de Jacques Martin.

Élodie

Prénom d'origine latine, qui signifie « propriété ». **Personnalité :** dynamisme, adaptabilité, indépendance, réserve. **Fête** le 22 octobre. **Sainte Élodie,** fille d'un musulman et d'une chrétienne, refuse d'adopter la religion de son père ; elle est condamnée à mort par l'émir de Cordoue, au IXe siècle. **Célébrité :** Élodie Bouchez, actrice.

Émilie

Prénom d'origine latine qui signifie « émule ». **Personnalité :** volonté, détermination, énergie, fidélité. **Fête** le 19 septembre. **Sainte Émilie,** jeune Auvergnate au XIXe siècle, fonde une institution destinée à l'éducation des enfants pauvres. **Masculin :** Émile. **Célébrités :** Emilie Bronte, écrivain anglais du XIXe siècle ; la fille de Charlotte Rampling et Jean-Michel Jarre.

Emma

Prénom d'origine germanique qui signifie « puissante ». **Personnalité :** volonté, activité, autonomie, détermination. **Fête** le 19 avril. **Sainte Emma** est une jeune veuve, en Rhénanie au XIIe siècle, fondatrice de plusieurs églises et monastères. **Célébrités :** Emma de France, fille du roi Robert le Pieux au Xe siècle ; Emma Bovary, héroïne du roman de Gustave Flaubert Madame Bovary ; Emma de Caunes, Emma Thompson, actrices ; la fille d'Estelle Lefébure et David Hallyday. **Variante :** Emmy.

Emmy

Prénom d'origine germanique, forme anglo-américaine de Emma, qui signifie « puissante ». **Personnalité :** énergie, combativité, franchise, humour. **Fête :** le 19 avril. **Sainte Emma** se fit religieuse après son veuvage et fit bâtir des monastères en Allemagne au XIe siècle.

Énola

Prénom d'origine latine, dérivé d'Énora, forme bretonne d'Honorine, qui signifie « honneur ». **Personnalité :** douceur, réserve, réflexion, harmonie. **Fête :** le 27 février. **Sainte Honorine** est sa patronne.

Énora

Prénom d'origine latine, version bretonne d'Honorine qui signifie « honneur ». **Personnalité :** passion, énergie, indépendance, autorité. **Fête** le 27 février. **Sainte Honorine,** chrétienne en Normandie au IVe siècle, est persécutée par les soldats de l'empereur Dioclétien. **Variante** : Enola.

Erin

Prénom d'origine irlandaise, qui signifie « d'Irlande ». **Personnalité :** affectivité, volonté, ambition, équilibre.

Ermeline

Prénom d'origine germanique, qui signifie « noble honneur ». **Personnalité :** réserve, sens des responsabilités, équilibre, ordre. **Fête** le 29 octobre. **Sainte Ermelinde** refusa de se marier et se réfugia dans un couvent pour échapper à ses parents, dans le Brabant au VIe siècle. **Variante :** Ermelinde.

Estelle

Prénom d'origine latine, qui signifie « étoile ». **Personnalité :** charme, élégance, générosité, épicurisme. **Fête** le 11 mai. **Sainte Estelle,** baptisée en cachette de son père, s'enfuit pour entrer au monastère. Il la retrouve, il lui ordonne de le suivre. Elle refuse, il lui tranche la tête. **Variantes :** Stella, Sterenn. **Célébrité :** le mannequin Estelle Lefébure.

Esther

Prénom d'origine hébraïque qui signifie « étoile ». **Personnalité :** curiosité, adaptabilité, sociabilité, sens pratique. **Fête** le 1er juillet. **Célébrité :** Esther Williams, actrice.

Eugénie

Prénom d'origine grecque qui signifie « bien née ». **Personnalité :** créativité, élégance, optimisme, fantaisie. **Fête** le 7 février. **Sainte Eugénie** religieuse dans le Nord au XIXe siècle, fonda une congrégation de prières. **Variante :** Xénia. **Masculin :** Eugène. **Célébrités :** l'impératrice de France Eugénie de Montijo, femme de Napoléon III ; la fille de Sarah Ferguson et du prince Andrew d'Angleterre.

Eulalie

Prénom d'origine grecque qui signifie « bonne parole ». **Personnalité :** émotivité, affectivité, fantaisie, réserve **Fête** le 12 février. **Sainte Eulalie** meurt en martyr en Espagne au IVe siècle, à l'âge de douze ans.

Èva

Prénom d'origine hébraïque qui signifie « vivante ». **Personnalité :** indépendance, volonté, activité, domination. **Fête** le 6 septembre. **Sainte Ève** est une jeune chrétienne gauloise, victime des persécutions des Romains au IIIe siècle. **Variantes :** Èvaëlle, Ève. **Célébrité :** Eva Peron femme de l'homme politique argentin ; Éva Joly, juge ; Éva Herzigova, mannequin ; Eva Green, fille de Marlène Jobert.

F

Faustine

Prénom d'origine latine, féminin de Faust qui signifie « heureux ». **Personnalité :** curiosité, intelligence, intuition, rapidité. **Fête** le 15 janvier. **Sainte Faustine** passe sa vie en contemplation dans la cellule d'un monastère, en Italie, au VIe siècle. **Variante :** Fausta.

Félicie

Prénom d'origine latine qui signifie « heureux ». **Personnalité :** réserve, prudence, sensibilité, affectivité. **Fête** le 10 mai. **Sainte Félicie,** mère de famille nombreuse et paysanne espagnole au XIIe siècle, est un modèle de piété pour tous les siens. **Variante :** Félicité. **Masculins :** Félix, Félicien.

Félicité

Prénom d'origine latine qui signifie « heureuse ». **Personnalité :** sensibilité, activité, dynamisme, indépendance. **Fête** le 7 mars. **Sainte Félicité,** esclave carthaginoise au IIIe siècle est condamnée aux jeux du cirque.

Fiona

Prénom d'origine latine, dérivé de Foy qui signifie « croyance ». **Personnalité :** sensibilité, discrétion, idéalisme, rêverie. **Fête** le 6 octobre. **Sainte Foy** vit à Agen au IVe siècle ; à douze ans, elle demande le baptême, elle refuse de renier sa foi et meurt décapitée. **Variantes :** Faye, Fé.

Flavie

Prénom d'origine latine qui signifie « jaune ». **Personnalité :** élégance, ambition, travail, discrétion. **Fête** le 12 mai. **Sainte Flavie** fut martyrisée en Égypte au IVe siècle pour avoir refusé de renier sa foi. **Masculin :** Flavien. **Célébrité :** Flavie Flament, animatrice de télévision.

Flore

Prénom d'origine latine qui signifie « fleur ». **Personnalité :** sensibilité, idéalisme, énergie, rêverie. **Fête** le 5 octobre **Sainte Fleur** est une religieuse qui voue sa vie aux malades dans le Quercy au XIVe siècle. **Variantes :** Fleur, Flora, Florence, Florie, Florine.

G

Gabrielle

Prénom d'origine hébraïque qui signifie « force de Dieu ». **Personnalité :** courage, énergie, exigence, organisation. **Fête** le 26 juin **Sainte Gabrielle,** religieuse à Arras, sert les pauvres et les malades sous la Révolution. Elle refuse de prêter serment, elle est guillotinée. **Masculin :** Gabriel. **Célébrité :** Gabrielle d'Estrées, favorite d'Henri IV ; Gabrielle Chanel, créatrice de mode ; Gabrielle Sabatini, joueuse de tennis ; Gabrielle Lazure, actrice.

Gaëlle

Prénom d'origine celte, version féminine de Gaël qui signifie « issu du peuple gaël » (peuplade celte qui envahit l'Irlande et le Pays de Galles en 500 avant J.-C). **Personnalité :** sensibilité, générosité, imagination, sens esthétique. **Fête** le 17 décembre. **Saint Gaël,** moine cistercien au XIIe siècle, est nommé évêque de Saint-Malo.

Garance

Prénom français qui désigne la couleur rouge foncé.

Personnalité : secret, réflexion, discrétion, sincérité. **Fête** le 5 octobre. **Sainte Fleur,** religieuse dans le Quercy au XIVe siècle, est la patronne de Garance. **Célébrité :** la fille de Lio.

Gillian

Prénom mixte d'origine grecque, variante de Gilles, qui signifie « protection ». **Personnalité :** opportunisme, indépendance, activité, adaptabilité. **Fête :** le 1er septembre. **Saint Gilles,** athénien, établit son ermitage en Provence au Ve siècle et demanda au prince qui le blessa par mégarde de construire un monastère à l'endroit de l'accident. **Autre orthographe :** Gilliane.

Giulia

Forme italienne de Julie, d'origine latine, signifiant « de la famille de Iule ». **Personnalité :** dynamisme, vivacité, persévérance, ambition. **Fête** le 8 avril. **Sainte Julie,** handicapée, fonda une école pour jeunes filles défavorisées, en Picardie au XIXe siècle.

Gladys

Prénom d'origine celte qui signifie « richesse ». **Personnalité :** indépendance, sociabilité, ambition, volonté. **Fête** le 29 mars. **Sainte Gwladys** fut emprisonnée pour avoir refusé d'épouser le fils d'un maharadjah aux Indes au XIIIe siècle. Libérée, elle cherche à convertir son entourage ; elle est mise à mort.

Gwenn

Prénom mixte d'origine celte qui signifie « blanc ». **Personnalité :** émotivité, idéalisme, réserve, harmonie. **Fête :** le 18 octobre. **Sainte Gwenn,** épouse de saint Fragan, donna naissance à une famille très nombreuse en Bretagne au VIe siècle. La légende raconte qu'elle eut des triplés et que Dieu lui fit don d'un troisième sein pour allaiter ses enfants en même temps. **Autre orthographe :** Gwen.

H

Hanaé

Prénom d'origine japonaise, qui signifie « fleur ». **Personnalité :** diplomatie, travail, sociabilité, fiabilité. **Célébrité :** Hanaé Mori, créatrice de parfums.

Héloïse

Prénom d'origine germanique, forme médiévale de Louise qui signifie « glorieuse combattante ». **Personnalité :** indépendance, spontanéité, puissance, volonté. **Fête** le 15 mars. **Sainte Louise de Marillac,** fondatrice de l'ordre religieux des Filles de la Charité au XVIIe siècle, est la patronne d'Héloïse. **Variantes :** Aloyse, Éloïse. **Célébrité :** héroïne du XIIe siècle amoureuse d'Abélard, son précepteur.

Honorine

Prénom d'origine latine qui signifie « honneur ». **Personnalité :** dynamisme, énergie, ambition, générosité. **Fête** le 27 février. **Sainte Honorine,** jeune chrétienne en Île-de-France au IVe siècle, subit le martyre. Sa dépouille fut enterrée en Île-de-France, à Conflans qui porte maintenant le nom de Sainte-Honorine.

Hortense

Prénom d'origine latine, issu de « Hortensus » (nom d'une illustre famille romaine). **Personnalité :** passion, enthousiasme, courage, secret. **Fête** le 11 janvier. **Saint Hortens** est évêque de Césarée en Asie Mineure au IIIe siècle. **Célébrité :** Hortense de Beauharnais, mère de Napoléon III.

I

Ilona ↗

Prénom d'origine grecque, forme hongroise d'Hélène qui signifie « éclat du soleil ». **Personnalité :** élégance, réserve, sensibilité, créativité. **Fête** le 18 août. **Sainte Hélène,** mère de Constantin Ier le Grand, abandonnée par son illustre concubin Constance Chlore, au IIIe siècle en Asie Mineure, revient à la cour lorsque son fils devient empereur. Elle se convertit et favorise la construction d'églises. **Célébrité :** la fille d'Estelle Lefébure et David Hallyday.

Inès ↑

Prénom d'origine grecque, forme espagnole d'Agnès qui signifie « chaste ». **Personnalité :** calme, rêverie, sensibilité, générosité. **Fête** le 10 septembre. **Sainte Inès** cache des missionnaires chez elle, au Japon, au XVIIe siècle ; découverte, elle subit le martyre avec eux. **Célébrité :** Inès de La Fressange.

Iris ↗

Prénom d'origine grecque, du nom de la nymphe Iris **Personnalité :** exigence, indépendance, fidélité, autorité **Fête** le 4 septembre **Sainte Iris,** fille de l'apôtre saint Philippe, fut brûlée vive en Asie Mineure au Ier siècle. **Célébrité :** la fille de Jude Law et Sadie Frost.

Isaure

Prénom d'origine latine et hébraïque, dérivé d'Aura qui signifie « en or », et d'Isabelle qui signifie « Dieu est plénitude ». **Personnalité :** volonté, perfectionnisme, ambition, autorité **Fête** le 24 août ou le 22 février **Sainte Aure** fut religieuse dans le Béarn au xe siècle. Sainte Isabelle est la première abbesse d'un monastère de Clarisses qu'elle fonde à Paris au XIIIe siècle. **Célébrité :** la fille de Mellen Montfort.

J

Jade

Prénom d'origine française, du nom du jade, pierre fine de couleur verte. **Personnalité :** volonté, passion, exigence, travail. **Fête** le 29 juin. **Saint Pierre,** patron de Jade, est apôtre de Jésus et fondateur de l'Église. **Célébrités :** la fille de Mike Jagger ; la fille de Johnny et Lætitia Hallyday.

Jasmine

Prénom d'origine arabe, qui signifie « jasmin ». **Personnalité :** ambition, persévérance, dynamisme, exigence. **Fête** le 5 octobre. **Sainte Fleur** fut religieuse dans le Quercy au XIVe siècle. **Variantes :** Yasmine, Yasmina. **Célébrité :** Yasmina Reza.

Jeanne

Prénom d'origine hébraïque, féminin de Jean qui signifie « Dieu est miséricordieux ». **Personnalité :** émotivité, nervosité, travail, ambition. **Fête** le 13 mai **Sainte Jeanne d'Arc** repousse les Anglais qui assiègent la France, au XVe siècle. Jugée pour sorcellerie et hérésie, elle est brûlée vive à Rouen **Autres orthographes :** Jane, Jehanne. **Variantes :** Jennifer, Johanna. **Célébrités :** Jeanne Moreau ; la fille de Miou-Miou et Julien Clerc ; la fille de Sandrine Bonnaire.

Jennifer

Prénom d'origine celte, variante de Guenevere, qui signifie « fantôme blanc ». **Personnalité :** réflexion, spiritualité, étude, méditation. **Fête** le 18 octobre. **Sainte Gwenn** fut une épouse et une mère très pieuse en Bretagne au VIe siècle. **Variantes :** Gaynor, Jennyfer. **Célébrités :** les actrices Jennifer Aniston et Jennifer Lopez.

Jessie

Prénom d'origine hébraïque, féminin dérivé de Jessé, qui signifie « cadeau ». **Personnalité :** charme, créativité, ambition, stabilité. **Fête :** le 4 novembre. **Un peu d'histoire :** Jessé est un personnage biblique qui fut le père du roi David. **Variante :** Jessica. **Célébrité :** Jessie Norman.

Jonelle

Prénom d'origine hébraïque, variante de Joëlle, qui signifie « Yavhé est Dieu ». **Personnalité :** sensibilité, intuition, prudence, émotivité. **Fête** le 13 juillet. **Saint Joël,** prophète au VIe siècle avant J.-C., rédigea le Livre de Joël.

Joséphine

Prénom d'origine hébraïque, féminin de Joseph qui signifie « Dieu ajoute ». **Personnalité :** indépendance, volonté, intuition, endurance. **Fête** le 8 février **Sainte Joséphine,** esclave au Soudan au XIXe siècle, devient gouvernante des enfants d'un notable italien qui la libère. Elle se convertit et entre au couvent **Variante :** Josépha. **Célébrités :** Joséphine de Beauharnais, femme de Napoléon Ier ; Joséphine Baker, danseuse.

Joyce

Prénom mixte d'origine anglo-américaine qui signifie « joie ». **Personnalité :** adaptabilité, éclectisme, imagination, esprit. **Fête :** le 25 mars. **Variante :** Joy.

Julia

Prénom d'origine latine, féminin de Jules, issu du nom de la famille romaine Iulius. **Personnalité :** réalisme, sociabilité, ambition, sens pratique. **Fête** le 8 avril. **Sainte Julie** fonde l'institut des sœurs de Notre-Dame pour l'éducation des enfants pauvres, au XVIIIe siècle, à Amiens. **Célébrité :** Julia Roberts, actrice américaine.

Juliette

Prénom d'origine latine, féminin de Jules, issu du nom de la famille romaine Iulius. **Personnalité :** séduction, ténacité, sens pratique, sensibilité. **Fête** le 30 juillet. **Sainte Juliette,** dénoncée comme chrétienne en Asie Mineure au VIe siècle, meurt sur le bûcher. **Célébrités :** Juliette Gréco, chanteuse ; Juliette Binoche, actrice ; la fille de Sophie Marceau.

Justine

Prénom d'origine latine, féminin de Justin qui signifie « juste ». **Personnalité :** passion, courage, combativité, orgueil. **Fête** le 12 mars. **Sainte Justine,** abbesse d'un monastère à Antioche au IIIe siècle, est victime des persécutions de l'empereur Dèce. **Célébrités :** Justine, impératrice de Rome ; Justine Lévy, romancière ; Justine Henin-Ardenne, joueuse de tennis.

K

Kelly

Prénom d'origine celte, qui signifie « église ». **Personnalité :** dynamisme, sens artistique, travail, détermination. **Fête** le 1er mai. **Saint Ceallagh,** son patron, fut évêque en Irlande au VIe siècle.

Kenza

Prénom d'origine arabe, qui signifie « trésor ». **Personnalité :** créativité, imagination, sociabilité, équilibre.

Kim

Prénom mixte, diminutif du prénom d'origine américaine Kimberley, qui signifie « prairie royale ». **Personnalité :** affectivité, sociabilité, rigueur, travail. **Fête :** le 4 décembre. **Célébrités :** Kim Novak, Kim Basinger, actrices américaines.

L

Laura

Prénom d'origine latine, féminin de Laurent qui signifie « laurier ». **Personnalité :** passion, énergie, combativité, sens des responsabilités. **Fête** le 19 octobre. **Sainte Laure,** jeune andalouse au IXe siècle, se fait baptiser, dénoncée elle refuse d'abjurer et est condamnée par l'émir. **Variantes :** Laurène, Lauriane, Laurie, Laurine. **Célébrité :** Laura Smet, fille de Johnny Hallyday et Nathalie Baye.

Laurine

Prénom d'origine latine, qui signifie « laurier ». **Personnalité :** détermination, obstination, activité, réalisme. **Fête** le 19 octobre. **Sainte Laure** fut martyrisée par l'émir de Cordoue au IXᵉ siècle. **Variantes :** Laura, Laurence, Laurie.

Léa

Prénom d'origine hébraïque qui signifie « vache sauvage ». Léa est un personnage biblique, épouse de Jacob, mère de six garçons, ancêtres des tribus d'Israël. **Personnalité :** intuition, fantaisie, détermination, émotivité. **Fête** le 22 mars. **Sainte Léa,** riche veuve romaine au IVᵉ siècle, devient disciple de saint Jérôme, distribue tous ses biens et se retire dans un monastère. **Variante :** Léana, Léane. **Célébrité :** Léa Drucker, présentatrice de télévision.

Léane

Prénom hébraïque, composé de Léa et d'Anne, qui signifient « vache sauvage » et « grâce ». **Personnalité :** travail, curiosité, énergie, autorité. **Fête** le 22 mars et le 26 août. **Sainte Léa** et **sainte Anne** sont ses patronnes.

Léna

Prénom d'origine grecque, dérivé d'Hélène qui signifie « éclat du soleil ». **Personnalité :** sensibilité, idéalisme, émotivité, exigence. **Fête** le 18 août. **Sainte Hélène,** épouse de l'empereur romain Constance Chlore au

IIIe siècle, se convertit à soixante ans et fait construire plusieurs monastères en Palestine.

Léonie ↗

Prénom d'origine latine, forme féminine de Léon qui signifie « lion ». **Personnalité :** ambition, activité, perfectionnisme, indépendance. **Fête** le 6 décembre **Sainte Léonie,** chrétienne en Afrique du Nord au Ve siècle, meurt en martyr. **Variantes :** Léone, Léonille. **Célébrité :** Léonie Bathiat, actrice plus connue sous le nom d'Arletty.

Lila ↑

Prénom d'origine latine, diminutif de Liliane, qui signifie « lys ». **Personnalité :** imagination, intuition, vivacité, charme. **Fête :** le 27 juillet. **Sainte Liliane,** jeune chrétienne convertie, proclama sa foi et fut décapitée à Cordoue au IXe siècle.

Lilou ↑

Prénom d'origine germanique, variante de Louise, qui signifie « glorieuse combattante ». **Personnalité :** activité, perfectionnisme, indépendance, ambition. **Fête** le 15 mars. **Sainte Louise de Marillac** est sa patronne. **Autres orthographes :** Leeloo, Leelou.

Lily

Prénom d'origine germanique, diminutif de Louis, qui signifie « glorieux combattant ». **Personnalité :** réserve, sens des responsabilités, sensibilité, détermination. **Fête :** le 15 mars. **Sainte Louise,** fondatrice de l'ordre des Filles de la Charité avec saint Vincent de Paul, est sa patronne. **Célébrité :** Lily-Rose, fille de Vanessa Paradis et Johnny Depp.

Lina

Prénom d'origine germanique, diminutif d'Adeline qui signifie « noble ». **Personnalité :** sensibilité, réserve, fidélité, exigence. **Fête** le 20 octobre. **Sainte Adeline** est la première abbesse d'un monastère en Normandie au XIIe siècle.

Lisa

Prénom d'origine hébraïque, dérivé d'Élisabeth qui signifie « Dieu est plénitude ». **Personnalité :** indépendance, autorité, épicurisme, charme. **Fête** le 17 novembre. **Sainte Élisabeth**, épouse du prêtre Zacharie, se désespère de ne pas avoir d'enfants ; à un âge avancé, elle met au monde Jean, qui deviendra saint Jean le Baptiste. Elle est la sœur de Marie. **Variantes :** Élisa, Élise, Lise, Lison. **Autre orthographe :** Liza. **Célébrité :** Lisa Marie Presley, fille d'Elvis ; Liza Minelli, chanteuse.

Livia

Prénom d'origine latine, diminutif d'Olivia. **Personnalité :** solidité, sens pratique, ambition, rigueur. **Fête** le 13 novembre. **Sainte Livia** soigna les tuberculeux dans un couvent, au XIXe siècle. **Variante :** Livie.

Loane

Prénom de double étymologie, germanique et hébraïque, contraction de Louise et d'Anne. **Personnalité :** vivacité, intelligence, détermination, exigence. **Fête** le 15 mars. **Sainte Louise** et sainte Anne sont ses patronnes. **Variante :** Loana.

Lola

Prénom d'origine latine, diminutif de Dolorès qui signifie « douleur ». **Personnalité :** sensibilité, activité, sens des responsabilités, travail. **Fête** le 11 juin. **Sainte Dolorès** entre dans les ordres et se consacre à l'éducation et l'instruction des enfants pauvres, en Espagne, au XIXe siècle. **Variante :** Lolita. **Célébrités :** Lola Pille, romancière ; les filles d'Évelyne Thomas, de Renaud et de Zazie.

Lorena

Prénom d'origine germanique, forme espagnole de

Lorraine, prénom dérivé féminin de Lothaire qui signifie « grande gloire ». **Personnalité :** courage, volonté, indépendance, travail. **Fête** le 30 mai. **Saint** Clotaire, discret abbé d'une abbaye champenoise au VIIIe siècle, est son protecteur.

Lou

Prénom d'origine germanique, diminutif de Louise, féminin de Louis qui signifie « glorieux vainqueur ». **Personnalité :** générosité, élégance, activité, intuition. **Fête** le 15 mars. **Sainte Louise de Marillac** est fondatrice de l'ordre des Filles de la Charité, au XVIIe siècle. **Célébrité :** Lou Doillon, fille de Jacques Doillon et Jane Birkin.

Louanne

Prénom d'origine germanique et hébraïque composé de Lou, diminutif de Louise, forme féminine de Louis, qui signifie « glorieux combattant », et d'Anne, qui signifie « grâce ». **Personnalité :** émotivité, sociabilité, générosité, idéalisme. **Fête :** le 15 mars ou le 26 juillet. **Sainte Louise** et **sainte Anne,** mère de la Vierge Marie, sont ses patronnes. **Autres orthographes :** Louane, Lou-Anne.

Louna

Prénom d'origine arabe, qui signifie « virile ». **Personnalité :** étude, solitude, réflexion, spiritualité. **Variante :** Luna.

Louise

Prénom d'origine germanique, féminin de Louis qui signifie « glorieux combattant ». **Personnalité :** rigueur, volonté, discrétion, travail. **Fête** le 15 mars. **Sainte Louise de Marillac** fonde avec saint Vincent de Paul l'ordre religieux des Filles de la Charité, au XVIIe siècle, et consacre sa vie aux pauvres et aux malades. **Variantes :** Louisa, Louisiane. **Célébrités :** Louise Brooks, actrice américaine des années 1920 ; Louise Michel, militante révolutionnaire de la fin du XIXe siècle ; Louise Veronica Ciccone, plus connue sous le nom de Madonna.

Louison

Prénom mixte d'origine germanique, dérivé de Louis, qui signifie « glorieux combattant ». **Personnalité :** charme, intuition, perfectionnisme, diplomatie. **Fête :** le 15 mars. **Sainte Louise** est sa patronne.

Lucie

Prénom d'origine latine, féminin de Luc qui signifie « lumière ». **Personnalité :** éloquence, diplomatie, sociabilité, détermination. **Fête** le 13 décembre. **Sainte Lucie** est chrétienne ; elle est fiancée de force à un païen ; elle riposte en distribuant sa dot aux pauvres. Le fiancé rejeté la dénonce, elle est décapitée **Variante :** Lucile. **Célébrités :** Lucy, jeune femme de la préhistoire ; Lucie Faure, femme de lettres ; Lucie Aubrac, résistante pendant l'occupation.

M

Madeleine

Prénom d'origine hébraïque qui signifie « originaire de Magdala ». **Personnalité :** passion, mystère, sociabilité, paradoxe. **Fête** le 22 juillet. **Sainte Marie-Madeleine,** disciple de Jésus, l'accompagne jusqu'au Golgotha et prévient les apôtres que le tombeau du Christ est vide. Elle termine sa vie ermite en Provence. **Variantes :** Madelon, Magdeleine. **Célébrités :** Madeleine Albright, diplomate américaine et première femme secrétaire d'État aux États-Unis ; Madeleine Chapsal, écrivain.

Maëlle

Prénom d'origine celtique, féminin de Maël qui signifie « prince ». **Personnalité :** assurance, gaieté, séduction, curiosité. **Fête** le 13 mai. **Saint Maël** évangélise les villages en Bretagne au Ve siècle. **Variantes :** Maëllie, Maëllis.

Maéva

Prénom d'origine tahitienne qui signifie « bienvenue ». **Personnalité :** sensibilité, indépendance, ambition, sens des responsabilités. **Fête** le 6 septembre ou le 15 août **Sainte Ève,** chrétienne gauloise au IIIe siècle, ou **sainte Marie,** mère de Jésus, sont les patronnes de Maéva. **Variante :** Maève.

Mahaut

Prénom d'origine germanique, forme médiévale de Mathilde, qui signifie « force au combat ». **Personnalité :** vivacité, indépendance, impatience, adaptabilité. **Fête** le 14 mars. **Sainte Mathilde** est sa protectrice. **Autre orthographe :** Mahault. **Célébrité :** Mahaut d'Artois, pair de France au XIIIe siècle.

Maïwen

Prénom issu de la contraction de Marie et de Gwenn, de double origine, hébraïque et celte. **Personnalité :** intuition, réflexion, sensibilité, activité. **Fête** le 15 août ou le 18 octobre. **Sainte Marie** est la mère de Jésus, et sainte Gwenn est une pieuse mère de famille nombreuse en Bretagne, au Vᵉ siècle.

Mallaurie

Prénom mixte d'origine celte, dérivé de Malo, qui signifie « gage de lumière ». **Personnalité :** activité, perfectionnisme, volonté, ambition. **Fête :** le 15 novembre. **Saint Malo,** moine gallois, fut l'un des fondateurs de la Bretagne. **Autres orthographes :** Mallorie, Mallaury et Mallory (davantage masculins).

Manon

Prénom d'origine hébraïque, dérivé de Marianne qui signifie « goutte de mer et grâce ». **Personnalité :** fantaisie, sociabilité, adaptabilité, indépendance. **Fête** le 26 mai. **Sainte Marianne,** née à Jérusalem au Iᵉʳ siècle, vivait en ermite au mont des Oliviers.

Margaux

Prénom d'origine latine, dérivé de Marguerite qui signifie « perle ». **Personnalité :** indépendance, exigence, détermination, passion. **Fête** le 16 novembre. **Sainte Marguerite,** née en Hongrie au XIe siècle, fut l'épouse du roi d'Écosse. **Autre orthographe :** Margot. **Célébrités :** la reine Margot, épouse d'Henri IV ; Margaux Hemingway, petite-fille de l'écrivain.

Marguerite

Prénom d'origine latine qui signifie « perle ». **Personnalité :** calme, persévérance, travail, altruisme. **Fête** le 16 novembre. **Sainte Marguerite,** née en Hongrie au XIe siècle, quitta son pays à la mort de ses parents ; son bateau fit naufrage sur les côtes de l'Écosse ; elle fut recueillie par le roi qui l'épousa. **Variantes :** Magali, Maguelonne, Maggy, Margot. **Célébrités :** Marguerite Yourcenar, écrivain et première femme élue à l'Académie française ; Marguerite Duras, écrivain ; l'héroïne des *Petites Filles modèles* de la comtesse de Ségur.

Marie

Prénom d'origine hébraïque qui signifie « goutte de mer ». **Personnalité :** discrétion, sens des responsabilités, indulgence, exigence. **Fête** le 15 août.

Sainte Marie, fille d'Anne et de Joachim, est fiancée à Joseph le Charpentier, lorsqu'elle reçoit la visite de l'archange Gabriel qui lui annonce que Dieu l'a choisie pour être la mère du Messie. Jésus confiera Marie à l'apôtre Jean avant de mourir. D'après la tradition, Marie serait montée au ciel sans passer par l'épreuve de la mort. **Variantes :** Maïté, Marianne, Marion, Marise, Maylis, Mireille, Muriel, Myriam. **Célébrités :** Marie Curie, physicienne et prix Nobel de physique en 1903 ; Marie Fugain, Marie Gillain, actrices.

Marilou

Forme contractée du prénom composé Marie-Louise. **Personnalité :** goût du pouvoir, équilibre, ambition, réalisation. **Fête** le 15 août. **Sainte Marie** fut la mère du Christ. **Célébrité :** l'actrice Marylou Berry.

Marine

Prénom d'origine latine, qui signifie « mer ». **Personnalité :** affectivité, sensibilité, activité, épicurisme. **Fête** le 20 juillet. **Sainte Marine** se déguisa en homme, au XIe siècle, pour suivre son père dans un monastère. Accusée d'avoir séduit une jeune fille qui eut un enfant, elle accepta les punitions, éleva l'enfant et mourut d'épuisement.

Mathilde

Prénom d'origine germanique qui signifie « force au combat ». **Personnalité :** sensibilité, harmonie, curiosité, réserve. **Fête** le 14 mars. **Sainte Mathilde,** reine de Germanie au Xe siècle, est un modèle de bonté et de piété. Elle se retire de la cour à la mort de son mari et fonde plusieurs monastères. **Variante :** Mahaut. **Célébrités :** Mathilde Seigner, actrice ; Mathilde de Belgique, épouse du prince Philippe de Belgique.

Maya

Prénom d'origine hébraïque, qui signifie « source ». **Personnalité :** discrétion, intelligence, sagesse, réflexion. **Variante :** Maïa.

Maylis

Prénom d'origine hébraïque, dérivé de Marie qui signifie « goutte de mer ». **Personnalité :** activité, sens des responsabilités, sensibilité, persévérance. **Fête** le 15 août. **Sainte Marie,** mère de Jésus, est la patronne de Maylis. **Autres orthographes :** Maëlys, Maïlys.

Méline

Prénom d'origine grecque qui signifie « rusée ».

Personnalité : réserve, exigence, charme, générosité. **Fête :** le 19 février. **Variante :** Mélina. **Célébrité :** Mélina Mercouri, actrice, chanteuse et femme politique grecque.

Mélissa

Prénom d'origine grecque, qui signifie « miel ». **Personnalité :** calme, équilibre, tact, sens de l'observation. **Fête** le 9 mars. **Sainte Melle** au VIIIe siècle, devenue veuve, entra au couvent pour se dévouer aux malades. **Variantes :** Méline, Mélina, Mélisse.

Mona

Prénom d'origine grecque, diminutif de Monique qui signifie « seul ». **Personnalité :** dynamisme, sensibilité, activité, sens des responsabilités. **Fête** le 27 août. **Sainte Monique,** berbère chrétienne convertit son mari et élève ses enfants dans la foi. Elle est la mère de saint Augustin.

Morgane

Prénom mixte d'origine celtique qui signifie « enfant de la mer ». **Personnalité :** fierté, volonté, indépendance, solidité. **Fête** le 8 octobre. **Sainte Pélagie,** dont le prénom signifie « pleine mer », est la patronne de Morgane. Chrétienne en Asie Mineure au IIIe siècle, elle se jette du haut de la maison de ses parents pour échapper aux soldats de l'empereur Dioclétien qui viennent l'arrêter. **Variantes :** Morgan, Morrigane.

N

Naïs

Prénom d'origine hébraïque, diminutif d'Anaïs, variante d'Anne qui signifie « grâce ». **Personnalité :** loyauté, rigueur, indépendance, travail. **Fête** le 26 juillet. **Sainte Anne** et son mari saint Joachim déplorent de ne pas avoir d'enfants après plus de vingt ans de mariage ; leurs prières sont exaucées lorsque Anne met au monde Marie.

Nina

Prénom d'origine celte, version féminine de Ninian qui signifie « élévation ». **Personnalité :** charisme, travail, ambition, communication. **Fête** le 26 août. **Saint Ninian** établit une mission chrétienne en Écosse au IVe siècle. **Dérivés :** Nine, Ninon. **Célébrités :** Nina Simone, chanteuse ; Nina Ricci, créatrice de mode ; la fille de Robert de Niro ; la fille de Leonard Bernstein.

Nine

Prénom d'origine celte, féminin de Ninian, qui signifie « élévation ». **Personnalité :** calme, harmonie, affectivité, fidélité. **Fête** le 16 septembre. **Saint Ninian,** prêtre écossais, évangélisa la Bretagne au VIe siècle. **Variantes :** Nina, Ninon. **Célébrité :** Nine, fille d'Inès de la Fressange.

Ninon

Prénom d'origine celte, version féminine de Ninian qui signifie « élévation ». **Personnalité :** sensibilité, réserve, sens des responsabilités, autorité. **Fête** le 15 décembre. **Sainte Ninon,** veuve du doge de Venise au VIIIe siècle, fonda un monastère près de Dubrovnik, où elle mourut à 33 ans. **Variantes :** Nina, Nine. **Célébrité :** la fille de Thierry Ardisson.

Noélie

Prénom d'origine latine, variante de Noëlle, qui signifie « de la nativité ». **Personnalité :** douceur, tact, générosité, écoute. **Fête** le 25 décembre. **Variante :** Noéla.

Noémie

Prénom d'origine hébraïque qui signifie « gracieuse ». **Personnalité :** esprit critique, travail, autonomie, prudence. **Fête** le 21 janvier. **Sainte Noémie,** née en Allemagne, partit évangéliser l'Afrique, au XIIIe siècle, où elle fut massacrée par les infidèles. **Variante :** Naomi. **Célébrités :** Naomi Campbell, Noémie Lenoir, mannequins.

Nolwenn

Prénom d'origine celtique qui signifie « agneau blanc ». **Personnalité :** intuition, dévouement, sensibilité, rêverie. **Fête** le 6 juillet. **Sainte Nolwenn,** ermite en Bretagne au VIe siècle, est assassinée par un soupirant païen qu'elle repousse. **Variantes :** Gwennoal, Noalig. **Célébrité :** Nolwenn Leroy, chanteuse.

Nora

Prénom d'origine arabe, dérivé de Nour qui signifie « lumière ». **Personnalité :** sociabilité, fantaisie, adaptabilité, indépendance. **Fête** le 13 décembre. **Sainte Lucie,** patronne de Nora, est fiancée de force à un païen, à Syracuse au IVe siècle ; en représailles, elle distribue sa dot aux pauvres. Le fiancé, rejeté, la dénonce, elle est décapitée.

O

Océane

Prénom d'origine grecque qui signifie « issue de l'océan ». **Personnalité :** dynamisme, perfectionnisme, goût du pouvoir, générosité. **Fête** le 2 novembre. **Saint Océan,** soldat romain converti, refuse de renier sa foi et meurt sur le bûcher, en Asie Mineure au IVe siècle.

Olivia

Prénom d'origine latine, qui signifie « olive ». **Personnalité :** indépendance, réserve, vivacité, originalité. **Fête** le 12 juillet. **Saint Olivier** fut un prêtre irlandais, pendu par ses fidèles à la suite d'une calomnie, au XVIIe siècle.

Oriane

Prénom d'origine latine, dérivé d'Oriane, qui signifie « en or ». **Personnalité :** charme, énergie, courage, vivacité. **Fête** le 19 juillet. **Sainte Aura,** moniale espagnole, fut martyre à Cordoue au IXe siècle.

P

Paloma

Prénom d'origine espagnole, qui signifie « colombe ». **Personnalité :** rigueur, volonté, autorité, courage. **Fête** le 31 décembre. **Sainte Colombe**, chrétienne en Espagne au IIIe siècle, est arrêtée en Gaule par les soldats romains et décapitée. **Célébrité :** Paloma Picasso.

Pauline

Prénom d'origine latine, l'une des versions féminines de Paul qui signifie « faible ». **Personnalité :** douceur, harmonie, sens artistique, discrétion. **Fête** le 9 juillet. **Sainte Pauline,** franciscaine belge missionnaire en Chine au XIXe siècle, est persécutée par les fanatiques **Variantes :** Paola, Paula, Paule **Masculin :** Paulin. **Célébrité :** Pauline Bonaparte, sœur de Napoléon.

Perrine

Prénom d'origine latine, l'une des versions féminines de Pierre qui signifie « pierre ». **Personnalité :** sensibilité, sociabilité, prudence, passion. **Fête** le 31 mai. **Sainte Pétronille** est une jeune romaine convertie par saint Pierre, au Ier siècle.

Philippine

Prénom d'origine grecque, féminin de Philippe qui signifie « qui aime les chevaux ». **Personnalité :** élégance, raffinement, autorité, indépendance. **Fête** le 18 novembre. **Sainte Philippine,** co-fondatrice de l'institut du Sacré-Cœur consacré à l'éducation des jeunes filles, au XIXe siècle, va l'implanter en Louisiane. **Variante :** Philippa.

Philomène

Prénom d'origine grecque qui signifie « qui aime la parole ». **Personnalité :** affectivité, réserve, douceur, générosité. **Fête** le 10 août. **Sainte Philomène** fut martyre à Rome au IVe siècle.

R

Raphaëlle

Prénom d'origine hébraïque, féminin de Raphaël qui signifie « Dieu a guéri ». **Personnalité :** sensibilité, créativité, charisme, communication. **Fête** le 29 septembre. **Sainte Raphaëlle,** mère de famille nombreuse, est fondatrice de plusieurs institutions pour jeunes filles pauvres en Espagne au XIXe siècle. Elle meurt d'épuisement au travail.

Romane

Prénom d'origine latine, féminin de Romain, qui signifie « originaire de Rome ». **Personnalité :** vivacité, humour, charme, générosité. **Fête** le 28 février. **Saint Romain,** ermite dans le Jura au Ve siècle, est fondateur de l'abbaye de Condat. **Célébrité :** Romane Bohringer, actrice.

Rosalie

Prénom d'origine latine, dérivé de Rose qui signifie « rose ». **Personnalité :** curiosité, réflexion, étude, vivacité. **Fête** le 4 septembre. **Sainte Rosalie** est ermite en Sicile au XIIe siècle ; d'après la légende, ses reliques délivrèrent Palerme de la peste.

Rose

Prénom d'origine latine qui signifie « rose ». **Personnalité :** assurance, dynamisme, sociabilité, adaptabilité. **Fête** le 23 août. **Sainte Rose de Lima,** jeune fille péruvienne au XVIe siècle, entra chez les dominicaines et consacra sa vie à la prière. **Célébrités :** Rosa Luxembourg, révolutionnaire allemande ; Rose

Kennedy, mère du Président JFK ; Rose, la fille de Caroline Kennedy ; Lily-Rose, la fille de Vanessa Paradis et Johnny Depp.

Roxane

Prénom d'origine persane qui signifie « brillante comme l'aurore ». **Personnalité :** dévouement, séduction, volonté, persévérance. **Fête** le 7 septembre. **Sainte Reine,** fille du gouverneur d'une ville en Bourgogne au IIIe siècle, a fait vœu de virginité. Elle refuse d'épouser le soldat romain qu'on lui impose et est décapitée le jour de ses seize ans. **Célébrité :** la fille de Gérard Depardieu.

S

Sacha

Prénom mixte d'origine grecque, diminutif d'Alexandre qui signifie « celui qui repousse ». **Personnalité :** curiosité, rapidité, intelligence, intuition. **Fête** le 22 avril. **Saint Alexandre,** fils du grand duc de Russie au XIIIe siècle, remporta de brillants succès militaires avant de devenir archevêque de Moscou. Il mourut du choléra en soignant ses fidèles. **Célébrité :** la fille de Joan Collins.

Salomé

Prénom d'origine hébraïque qui signifie « paix ». **Personnalité :** féminité, charme, combativité, franchise. **Fête** le 22 octobre. **Sainte Marie Salomé** est la mère de Jean et Jacques, disciples de Jésus. La tradition veut qu'elle soit débarquée en Camargue vers l'an 40, et qu'elle se soit établie sur la côte au lieu appelé aujourd'hui les Saintes-Maries-de-la-Mer. **Célébrité :** la fille de Claude Lelouch et Évelyne Bouix.

Sarah

Prénom d'origine hébraïque qui signifie « princesse ». **Personnalité :** douceur, générosité, affectivité, idéalisme. **Fête** le 15 juillet. **Sainte Sarah,** d'après la légende, vécut à Jérusalem au IIIe siècle. Elle se maria huit fois et obtint la conversion de ses huit maris. Elle mourut plus que centenaire. **Célébrités :** Sarah Bernhard, actrice ; Sarah Ferguson ; Sarah Biasini, fille de Romy Schneider.

Selma

Prénom d'origine germanique, qui signifie « protégée

d'Ans » (dieu de la mythologie). **Personnalité :** persévérance, habileté, travail, ambition. **Fête** le 21 avril. **Saint Anselme** fut archevêque de Cantorbéry en Angleterre au XIIe siècle. **Variante :** Telma.

Servane

Prénom d'origine latine, féminin de Servan qui signifie « esclave ». **Personnalité :** adaptabilité, sociabilité, charisme, curiosité. **Fête** le 1er juillet. **Saint Servan,** prêtre en Écosse au VIe siècle, chassé de son pays par les barbares, vient évangéliser la Bretagne.

Sibylle

Prénom d'origine grecque, du nom de Sibulla, prêtresse d'Apollon. **Personnalité :** altruisme, fantaisie, curiosité, affectivité. **Fête** le 9 octobre. **Sainte Sybille,** orpheline et aveugle, fut recueillie par des religieuses en Italie au XIIIe siècle et vécut en recluse dans la prière jusqu'à sa mort à quatre-vingts ans. **Autre orthographe :** Sybil.

Sidonie

Prénom d'origine hébraïque, féminin de Sidoine qui signifie « originaire de Sidon » (ville du Liban). **Personnalité :** vivacité, éloquence, gaieté, curiosité.

Fête le 14 novembre. **Saint Sidoine,** fils de préfet romain, mène en Auvergne, au Vᵉ siècle, une vie facile. Il est élu évêque de Clermont, ville qu'il défend contre les Wisigoths, distribue ses propres biens aux pauvres et résiste à toutes les persécutions. **Célébrité :** prénom de la romancière Colette.

Sirine

Prénom d'origine grecque, dérivé de Cyr qui signifie « maître ». **Personnalité :** charme, sociabilité, intuition, sens des responsabilités. **Fête** le 16 juin. **Saint Cyr,** fils de sainte Juliette, est martyrisé avec sa mère, à l'âge de trois ans, en Asie Mineure au IIIᵉ siècle **Variantes :** Sirane, Siriane.

Sixtine

Prénom d'origine latine, féminin de Sixte qui signifie « sixième ». **Personnalité :** liberté, aventure, indépendance, charme. **Fête** le 6 août. **Saint Sixte,** pape romain au IIᵉ siècle, subit les persécutions de l'empereur.

Solène

Prénom d'origine latine qui signifie « solennel ». **Personnalité :** esprit d'analyse, réflexion, secret, générosité.

Fête le 25 septembre. **Saint Solène,** évêque de Chartres au Vᵉ siècle, est conseiller de Clovis. **Variante :** Soline.

Sophie

Prénom d'origine grecque qui signifie « sagesse ». **Personnalité :** affectivité, réserve, exigence, volonté. **Fête** le 25 mai. **Sainte Sophie,** chrétienne en Asie Mineure au IIᵉ siècle, est victime des persécutions de l'empereur Hadrien avec ses trois filles. **Variante :** Sophia. **Célébrité :** Sophie Marceau, actrice.

Stella

Prénom d'origine latine, forme italienne et anglo-américaine d'Estelle, qui signifie « étoile ». **Personnalité :** calme, harmonie, générosité, exigence. **Fête** le 11 mai. **Sainte Estelle,** fille de païen, se fit baptiser et vécut en ermite. Son père la décapita.

Swann

Prénom mixte d'origine scandinave qui signifie « jeune ». **Personnalité :** calme, harmonie, sens des responsabilités, rigueur. **Fête** : le 21 décembre. **Variantes :** Swanahild, Swanhild. **Célébrité :** Charles Swann, héros de Marcel Proust.

T

Tessa

Prénom d'origine grecque, dérivé de Thérèse qui signifie « celle qui chasse ». **Personnalité :** ambition, travail, volonté, élitisme. **Fête** le 15 octobre. **Sainte Thérèse Martin,** orpheline de mère, élevée par ses sœurs, entre au carmel de Lisieux à quinze ans. Elle meurt neuf ans plus tard, après avoir rédigé son parcours spirituel dans *Histoire d'une âme.* **Variante :** Tess.

Thaïs

Prénom d'origine grecque qui signifie « bandeau ». **Personnalité :** féminité, séduction, organisation, opiniâtreté. **Fête** le 8 octobre. **Sainte Thaïs,** courtisane en Égypte au IVe siècle, se convertit et se retire dans un monastère.

Théa

Prénom d'origine grecque, diminutif de Théodora qui signifie « don de Dieu ». **Personnalité :** indépendance, dynamisme, courage, sens des responsabilités. **Fête** le 11 février. **Sainte Théodora,** épouse de l'empereur d'Orient Théophile, rétablit le culte des icônes et se retire dans un monastère après avoir assuré la régence pendant la minorité de son fils. **Masculin :** Théo.

Tiphaine

Prénom d'origine grecque qui signifie « illustre ». **Personnalité :** travail, discipline, exigence, organisation. **Fête** le 6 janvier. **Saint Épiphane,** évêque à Chypre au Ve siècle, a un rôle politique important et rédige plusieurs ouvrages traduits en latin par saint Jérôme. **Variante :** Tiphanie.

V

Valentine

Prénom d'origine latine qui signifie « vaillante ». **Personnalité :** vivacité, curiosité, assurance, éloquence. **Fête** le 25 juillet. **Sainte Valentine,** chrétienne en Palestine au IVe siècle, se révolte contre les persécutions infligées aux chrétiens et renverse les dieux païens dans un temple. Elle est aussitôt arrêtée et condamnée au bûcher. **Masculin :** Valentin.

Victoire

Prénom d'origine latine qui signifie « victoire ». **Personnalité :** volonté, courage, travail, affectivité. **Fête** le 23 décembre. **Sainte Victoire,** dénoncée par un soupirant éconduit, subit le martyre à Rome au IIIe siècle. **Variante :** Victoria. **Masculin :** Victor.

Victorine

Prénom d'origine latine, forme féminine de Victorien qui signifie « victoire ». **Personnalité :** indépendance, réflexion, réserve, sensibilité. **Fête** le 23 mars. **Saint Victorien,** évêque en Allemagne au IIIe siècle, fut massacré par les ariens.

Violette

Prénom d'origine latine, qui signifie « violette ». **Personnalité :** affectivité, altruisme, douceur, idéalisme. **Fête** le 5 octobre. **Sainte Fleur** fut religieuse dans le Quercy au XIVe siècle. **Variantes :** Viola, Violaine, Yolande. **Célébrités :** Violette Leduc, Violette fille d'Inès de La Fressange.

W

Wendy

Prénom d'origine littéraire, issu du livre *Peter Pan* de James Barrie. **Personnalité :** volonté, autonomie, dynamisme, activité.

Y

Yona

Prénom d'origine hébraïque, qui signifie « colombe ». **Personnalité :** ambition, autorité, travail, activité.

Ysée

Prénom d'origine celte, variante d'Yseult, qui signifie « belle ». **Personnalité :** réflexion, étude, spiritualité, rêverie. **Variantes :** Ysotta, Ysotte.

Z

Zélie

Prénom d'origine latine, variante de Soline, qui signifie « annuelle ». **Personnalité :** sociabilité, sensibilité, volonté, indépendance. **Fête** le 25 septembre. **Saint Solenne** fut évêque de Chartres au Ve siècle et conseiller de Clovis. **Variantes :** Solène, Zéline.

Zoé

Prénom d'origine grecque qui signifie « vie ». **Personnalité :** ambition, indépendance, détermination, sensibilité. **Fête** le 2 mai. **Sainte Zoé,** esclave dans une famille romaine, refuse de renier sa foi. Elle est brûlée vive par son maître avec son mari et ses deux enfants. **Célébrités :** Zoé Valdés, écrivain cubain ; Zoé Félix, actrice ; la fille de Lenny Kravitz ; la fille d'Emmanuel Petit, footballeur.

A

Achille ↗

Prénom d'origine grecque, porté dans la mythologie par un demi-dieu, héros de la guerre de Troie. **Personnalité :** curiosité, passion, sens des responsabilités, ambition. **Fête** le 12 mai. **Saint Achille,** évêque de Larissa en Grèce au IVe siècle, participe au concile de Nicée. **Célébrités :** Achille, héros de la guerre de Troie selon *L'Iliade* d'Homère ; Achille Zavatta, clown.

Adam ↑

Prénom d'origine hébraïque, qui signifie « homme ». **Personnalité :** énergie, audace, autorité, magnétisme. **Fête** le 17 juin. Adam est, dans la tradition chrétienne, le premier homme sur terre, l'époux d'Ève, le père de Caïn et Abel. **Saint Adam Chmielowski,** peintre polonais, fonde un ordre religieux au début du XXe siècle. **Célébrités :** le fils de Claude François Junior ; le fils de Léonard Cohen.

Adrien ↑

Prénom d'origine latine qui signifie « originaire d'Adria ». **Personnalité :** calme, tolérance, courage, diplomatie. **Fête** le 8 septembre. **Saint Adrien,** gardien de prison à Rome au IVᵉ siècle, est converti par les prisonniers qu'il surveille, et subit le martyre avec eux. **Autre orthographe :** Hadrien. **Célébrité :** Adrien Brody, acteur américain.

Alan

Prénom d'origine latine, forme celte d'Alain qui signifie « issu des Alani » (peuplade des bords de la mer Noire). **Personnalité :** impulsivité, orgueil, combativité, opiniâtreté. **Fête** le 9 septembre. **Saint Alain** est un dominicain breton, au XVᵉ siècle, qui propage le culte de la Vierge Marie en France. **Autre orthographe :** Allan.

Alban

Prénom d'origine latine, qui signifie « blanc ». **Personnalité :** sensibilité, éloquence, élégance, affectivité. **Fête** le 22 juin. **Saint Alban,** habitant d'un village d'Angleterre au IIIᵉ siècle, abrite un prêtre recherché par les soldats romains ; il se convertit, revêt la robe du prêtre et se fait passer pour lui afin de lui sauver la vie. **Variantes :** Albin, Aubin. **Féminin :** Albane.

Alex

Prénom d'origine grecque, diminutif d'Alexandre

qui signifie « celui qui repousse l'ennemi ». **Personnalité :** calme, séduction, intuition, sensibilité. **Fête** le 22 avril. **Saint Alexandre,** fils du grand duc de Russie au XIIIe siècle, devint archevêque de Moscou après s'être illustré par de nombreuses conquêtes militaires. Il mourut du choléra à quarante-trois ans.

Alexandre

Prénom d'origine grecque qui signifie « celui qui repousse l'ennemi ». **Personnalité :**épicurisme, puissance, séduction, adaptabilité. **Fête** le 22 avril. **Saint Alexandre,** fils du grand duc de Russie au xiiie siècle, remporta de brillants succès militaires avant de devenir archevêque de Moscou. Il mourut du choléra en soignant ses fidèles. **Diminutifs :** Alex, Sacha. **Féminin :** Alexandra. **Célébrités :** Alexandre le Grand-roi de Macédoine au IVe siècle avant J.-C. ; Alexandre Dumas père et fils, écrivains.

Alexis

Prénom d'origine grecque qui signifie « qui repousse pour protéger ». **Personnalité :** indépendance, ambition, réussite, affectivité. **Fête** le 17 février. **Saint Alexis,** riche marchand florentin au XIIIe siècle, abandonne son négoce pour se consacrer à la prière **Féminin :** Alexia. **Célébrités :** Alexis Léger, plus célèbre sous le nom de Saint-John Perse ; le fils de Michel Fugain.

Alfred ↗

Prénom d'origine germanique qui signifie « paix ». **Personnalité :** persévérance, exigence, autorité, travail. **Fête** le 15 août. **Saint Alfred,** moine au IXe siècle en Allemagne, est réputé pour ses talents de pacifiste. **Célébrités :** Alfred de Musset, Alfred de Vigny, écrivains ; Alfred Hitchcock, cinéaste américain.

Aloïs ↗

Prénom d'origine germanique, dérivé de Louis qui signifie « glorieux vainqueur ». **Personnalité :** sensibilité, sociabilité, générosité, charme. **Fête** le 25 août. **Saint Louis,** roi de France au XIIIe siècle, est son patron **Autre orthographe :** Aloys. **Féminin :** Aloïse, Aloyse.

Amaury →

Prénom d'origine latine, dérivé de Maur qui signifie « originaire de Mauritanie ». **Personnalité :**impatience, curiosité, étude, esprit critique. **Fête** le 21 novembre. **Saint Maur** est le successeur de saint Benoît à la tête du monastère de Subiaco en Italie au VIe siècle. **Variante :** Aimery.

Ambroise ↗

Prénom d'origine grecque qui signifie « immortel ». **Personnalité :** énergie, autorité, travail, indépendance. **Fête** le 7 décembre. **Saint Ambroise,** avocat et gouverneur d'une province italienne au IVe siècle, devient évêque de Milan. Il étudie la théologie et rédige plusieurs traités ; ses écrits lui valent d'être nommé docteur de l'Église. **Féminins :** Ambre, Ambrine. **Célébrité :** Ambroise Paré, chirurgien des rois de France au XVIe siècle.

Anaël ↗

Prénom d'origine hébraïque, dérivé du prénom féminin Anne, qui signifie « grâce ». **Personnalité :** douceur, sociabilité, étude, sagesse. **Fête** le 26 juillet. **Sainte Anne,** qui fut la mère de la Vierge Marie, est la patronne d'Anaël.

Anatole ↗

Prénom d'origine grecque qui signifie « aurore ». **Personnalité :** indépendance, organisation, mouvement, curiosité. **Fête** le 3 juillet. **Saint Anatole,** mathématicien et théologien, est évêque de Césarée au IIIe siècle ; il fut surtout célèbre pour sa bonté. **Diminutifs :** Tola, Tolia. **Célébrité :** Anatole France, écrivain.

Andréa

Prénom d'origine grecque, forme italienne d'André, qui signifie « homme ». **Personnalité :** responsabilité, charisme, sensibilité, force. **Fête** le 30 novembre. **Saint André,** frère de saint Pierre, est l'un des premiers disciples du Christ. Il évangélise la Grèce, où il meurt crucifié. **Célébrité :** Andréa Casiraghi, le fils de la princesse Caroline de Monaco.

Angel

Prénom mixte d'origine grecque qui signifie « messager ». **Personnalité :** adaptabilité, éclectisme, sociabilité, esprit. **Fête** le 5 mai. **Saint Ange,** théologien palestinien du XIIIe siècle, est assassiné par un prince dont il avait converti la fille. **Variante :** Ange, Angelo. **Célébrité :** Angel est un personnage de *L'Automne à Pékin* de Boris Vian.

Angelo

Prénom d'origine grecque, forme italienne d'Angel qui signifie « messager ». **Personnalité :** sociabilité, adaptabilité, curiosité, vivacité. **Fête** le 27 janvier. **Saint Ange,** palestinien originaire de Jérusalem, étudiant en théologie à Rome au XIIIe siècle, convertit la fille d'un prince sicilien ; il est assassiné par le père. **Célébrités :** Angelo Rinaldi, de l'Académie française ; le fils d'Isabelle Huppert.

Antoine

Prénom d'origine latine qui signifie « inestimable » **Personnalité :** équilibre, curiosité, communication, charme. **Fête** le 13 juin. **Saint Antoine de Padoue,** né au Portugal au XIIe siècle, devient moine franciscain, prêche au Maroc, puis il enseigne la théologie à Padoue ; de santé fragile, il meurt prématurément ; il est nommé docteur de l'Église. **Variante :** Anthony et Tony (formes anglo-saxonnes). **Diminutif :** Titouan. **Célébrités :** Antoine de Saint-Exupéry, écrivain ; Antoine, chanteur ; Antoine de Caunes ; le fils d'Élie Semoun et celui de Flavie Flament.

Antonin

Prénom d'origine latine, dérivé d'Antoine qui signifie « inestimable ». **Personnalité :** sociabilité, sens des responsabilités, solidité, générosité. **Fête** le 10 mai. **Saint Antonin,** ami et protecteur de Fra Angelico, est archevêque de Florence au XVe siècle. **Féminin :** Antonine. **Célébrité :** Antonin, empereur romain au IIe siècle.

Armand

Prénom d'origine germanique qui signifie « homme fort ». **Personnalité :** tranquillité, conscience professionnelle, affectivité, sens des responsabilités. **Fête** le

23 décembre. **Saint Armand,** né en Bavière, est évêque en Vénétie au XIIe siècle. **Féminin :** Armande. **Célébrité :** Armand Jean du Plessis, cardinal de Richelieu.

Arnaud

→

Prénom d'origine germanique, qui signifie « aigle gouverneur ». **Personnalité :** générosité, énergie, adaptabilité, optimisme. **Fête** le 10 février. **Saint Arnaud** fut abbé d'un monastère de bénédictins en Italie au XIIIe siècle. **Variantes :** Arno, Arnoult. **Célébrités :** l'avocat Arno Karlsfeld, le chanteur Arno.

Arsène

↗

Prénom d'origine grecque, qui signifie « viril ». **Personnalité :** volonté, charisme, conscience professionnelle, ambition. **Fête** le 19 juillet. **Saint Arsène** fut le précepteur des princes d'Orient, puis se retira pour mourir dans le désert. **Célébrité :** le personnage d'Arsène Lupin.

Arthur

↑

Prénom d'origine celte qui signifie « ours ». **Personnalité :** volonté, liberté, énergie, impatience. **Fête** le 15 novembre. **Saint Arthur,** moine en Angleterre au XVIe siècle, est exécuté sur ordre du roi Henri VIII qui l'accuse de refuser la séparation de l'Église d'Angleterre et de Rome. **Variante :** Artus (forme médiévale). **Célébrités :** le roi Arthur, de la légende des Chevaliers de la Table Ronde, roman du Moyen Âge ; Arthur Rimbaud, Arthur Miller, écrivains ; le fils de Gérard Jugnot ; le fils de Jacques Higelin ; Arthur, animateur de télévision.

Aubin

Prénom d'origine latine, dérivé d'Albin qui signifie « blanc ». **Personnalité :** réserve, élitisme, sensibilité, générosité. **Fête** le 1er mars. **Saint Albin,** prêtre breton, est élu évêque d'Angers au VIe siècle. Il ne craint pas de dénoncer les mœurs incestueuses des seigneurs de la ville.

Auguste

Prénom d'origine latine qui signifie « vénérable ». **Personnalité :** créativité, énergie, affectivité, contrôle. **Fête** le 29 février. **Saint Auguste** part évangéliser la Chine au début du XVIIIe siècle ; il est condamné au supplice par l'empereur. **Féminin :** Augusta. **Célébrités :** Auguste Renoir, peintre ; Auguste Comte, philosophe ; Auguste Rodin, sculpteur.

Augustin

Prénom d'origine latine, dérivé d'Auguste qui signifie « vénérable ». **Personnalité :** réserve, observation, prudence, fidélité. **Fête** le 28 août. **Saint Augustin,** philosophe, enseignant, prédicateur en Tunisie au IVe siècle, et auteur d'ouvrages de théologie, lutte contre les hérétiques. Il est nommé docteur de l'Église. **Féminin :** Augustine.

Aurélien

Prénom d'origine latine, dérivé d'Aurel qui signifie « en or ». **Personnalité :** émotivité, réserve, exigence, calme **Fête**le 16 juin **Saint Aurélien** est évêque d'Arles au vie siècle, où il fonde deux monastères. **Variantes :** Aurèle. **Féminin :** Aurélie. **Célébrité :** empereur romain qui régna au IIIe siècle.

Axel

Prénom d'origine hébraïque, dérivé d'Absalom qui signifie « père de la paix ». **Personnalité :** diplomatie, goût artistique, sensibilité, courage. **Fête** le 21 mars. **Saint Axel** est archevêque au Danemark au XIIIe siècle. **Féminin :** Axelle. **Célébrité :** Axel Bauer, chanteur.

Aymeric

Prénom d'origine germanique, qui signifie « puissante maison ». **Personnalité :** élitisme, réserve, persévérance, sensibilité. **Fête** le 25 août. **Saint Aymeric,** dominicain en Lorraine au XIVe siècle, partit évangéliser l'Espagne. **Autre orthographe :** Émeric.

B

Baptiste

Prénom d'origine grecque qui signifie « celui qui baptise ». **Personnalité :** calme, altruisme, diplomatie, optimisme. **Fête** le 24 juin. **Saint Jean le Baptiste** prêche, convertit et baptise sur les rives du Jourdain. Il est décapité à la demande de Salomé, la belle-fille du roi Hérode.

Barthélemy

Prénom d'origine araméenne qui signifie « fils de Tolomaï ». **Personnalité :** travail, persévérance, charisme, volonté. **Fête** le 24 août. **Saint Barthélemy,** apôtre du Christ, évangélisa l'Arménie où il mourut en martyr.

Basile

↗

Prénom d'origine grecque qui signifie « roi ». **Personnalité :** sociabilité, épicurisme, harmonie, altruisme. **Fête** le 2 janvier. **Saint Basile** prêche, enseigne, fonde des hôpitaux, des cantines, des monastères en Asie Mineure au IVe siècle. Il est docteur de l'Église. **Variantes :** Vassili (forme slave). **Célébrités :** deux empereurs d'Orient ; Basile Boli, footballeur.

Bastien

↑

Prénom d'origine grecque, dérivé de Sébastien qui signifie « couronné ». **Personnalité :** sensibilité, altruisme, volonté, travail. **Fête** le 20 janvier. **Saint Sébastien,** membre de la garde de Dioclétien, est chrétien ; dénoncé, il meurt percé de flèches par les archers de l'empereur.

Benjamin

→

Prénom d'origine hébraïque qui signifie « fils de la chance ». **Personnalité :** vitalité, affectivité, ambition, impatience. **Fête** le 31 mars. **Saint Benjamin** enseigne l'Évangile en Perse au Ve siècle. Les nombreuses conversions qu'il suscite irritent le shah qui le condamne à mort. **Célébrités :** Benjamin Franklin, homme politique américain ; Benjamin Constant, écrivain ; Benjamin Castaldi, animateur de télévision.

Benoît

Prénom d'origine latine, qui signifie « béni ». **Personnalité :** affectivité, altruisme, activité, efficacité. **Fête** le 11 juillet. **Saint Benoît** prêche l'évangile en Italie au Vᵉ siècle ; il prend la direction d'un monastère, puis en fonde douze autres et instaure la règle de vie bénédictine : prière, lecture et travail manuel. **Féminins :** Bénédicte, Benoite. **Célébrités :** le pape Benoît XVI ; Benoît Magimel, acteur.

Brian

Prénom d'origine celte, dérivé de Briac qui signifie « estime ». **Personnalité :** individualisme, intuition, sérieux, passion. **Fête** le 18 décembre. **Saint Briac** quitte l'Irlande pour fonder un monastère à Guingamp, en Bretagne au VIᵉ siècle. **Variantes :** Bryan, Brieuc. **Célébrités :** Brian Adams, chanteur ; Brian de Palma, cinéaste.

C

Calvin ↑

Prénom d'origine latine, qui signifie « chauve ». **Personnalité :** sensibilité, sens artistique, conscience professionnelle, calme. **Célébrité :** le créateur Calvin Klein.

Cameron ↑

Prénom d'origine celte, qui signifie « rivière ». **Personnalité :** réserve, réflexion, sensibilité, discrétion. **Célébrité :** le fils de David Hallyday.

Céleste ↑

Prénom mixte d'origine grecque qui signifie « des cieux ». **Personnalité :** harmonie, responsabilité, charisme, écoute. **Fête** le 14 octobre. **Saint Céleste,** évêque de Metz au IVe siècle, s'illustra par sa bonté et sa piété.

Célestin ↗

Prénom d'origine latine qui signifie « céleste » **Personnalité :** discrétion, autorité, écoute, sens des responsabilités. **Fête** le 6 avril. **Saint Célestin,** pape au IIe siècle, mourut de la peste en soignant ses fidèles. **Féminin :** Célestine.

Célian

Prénom d'origine latine, forme masculine de Céline, qui signifie « celer ». **Personnalité :** dynamisme, autorité, sociabilité, charisme. **Fête** le 21 octobre. **Sainte Céline,** mère de saint Remi, au Ve siècle consacra sa vie aux œuvres caritatives. **Variante :** Célin.

César

Prénom d'origine latine qui signifie « couper ». **Personnalité :** autorité, charisme, organisation, travail. **Fête** le 15 avril. **Saint César,** prêtre en Avignon au XVIe siècle, se consacre aux adolescents. **Variantes :** Césaire, Césarin. **Féminin :** Césarine. **Célébrités :** Jules César, empereur romain ; César, sculpteur.

Charles

Prénom d'origine germanique qui signifie « viril ». **Personnalité :** communication, curiosité, autorité, sens des responsabilités. **Fête** le 4 novembre. **Saint Charles,** archevêque de Milan au XVIe siècle, fuit les honneurs et se dévoue aux pauvres et aux malades **Variantes :** Carel, Carol. **Féminins :** Carla,

Carole, Caroline, Charlène, Charlotte. **Variantes :** Charlie, Charly. **Célébrités :** Charles Martel, maire du palais ; Charles De Gaulle, président de la République française ; Charles Trenet, chanteur ; Charles Perrault, conteur ; Charles Dickens, écrivain ; Charles Baudelaire, poète.

Christopher

Prénom d'origine grecque, forme anglo-américaine de Christophe, qui signifie « celui qui porte le Christ ». **Personnalité :** intuition, affectivité, équilibre, calme. **Fête** le 25 juillet. **Saint Christophe,** passeur de rivière, trébucha sous le poids d'un homme mince ; il reconnut le visage du Christ, se fit baptiser et tenta de convertir ses clients. Il fut arrêté et mis à mort. **Célébrité :** Christopher Reeves.

Clarence

Prénom mixte d'origine latine qui signifie « clair ». **Personnalité :** séduction, curiosité, sagesse, vivacité. **Fête** le 11 août. **Saint Clarence** est évêque de Vienne au VIIe siècle. **Célébrité :** le fils d'Aretha Franklin, chanteuse américaine.

Clément

Prénom d'origine latine qui signifie « indulgence ». **Personnalité :** sensibilité, émotivité, autorité, sens des responsabilités. **Fête** le 23 novembre. **Saint Clément** prêche l'Évangile en Italie au Ier siècle ; il a tant de succès que l'empereur Trajan le condamne aux travaux forcés en Crimée. Il continue ses prédications et est mis à mort. **Féminins :** Clémence, Clémentine. **Célébrités :** Clément Marot, poète ; plusieurs papes.

Clovis

Prénom d'origine germanique, qui signifie « glorieux vainqueur ». **Personnalité :** énergie, calme, opiniâtreté, autorité. **Fête** le 25 août. **Saint Louis,** son patron, fut roi de France au XIIIe siècle et mourut en croisade. **Célébrité :** Clovis roi des Francs, au Ve siècle.

Colin

Prénom d'origine grecque, dérivé de Nicolas, qui signifie « victoire du peuple ». **Personnalité :** charisme, autorité, volonté, activité. **Fête** le 6 décembre. **Saint Nicolas** est évêque de Myra en Anatolie au IIIe siècle ; il lutte contre le paganisme et résiste aux menaces de l'empereur Dioclétien **Féminin :** Coline. **Célébrités :** Colin Powell, homme politique américain ; le fils de Tom Hanks.

Côme

↑

Prénom d'origine grecque qui signifie « ordre ». **Personnalité :** altruisme, sensibilité, sociabilité, diplomatie. **Fête** le 26 septembre. **Saint Côme,** comme son frère jumeau saint Damien, est médecin en Arabie au IIIe siècle. Ensemble, ils soignent les malades et les convertissent ; il est décapité avec lui. **Féminin :** Cosima.

Constantin

↗

Prénom d'origine latine qui signifie « persévérance ». **Personnalité :** sociabilité, opportunisme, adaptabilité, prudence. **Fête** le 21 mai. **Saint Constantin,** empereur de Rome au IVe siècle, est un modèle de tolérance à l'égard des chrétiens et favorise même l'implantation de la religion orthodoxe. Il se fait baptiser la veille de sa mort. **Célébrités :** plusieurs empereurs byzantins.

Corentin

↑

Prénom d'origine celte, qui signifie « ami ». **Personnalité :** activité, énergie, exigence, affectivité. **Fête** le 12 décembre. **Saint Corentin,** ermite, puis évêque de Quimper au Ve siècle, est l'un des saints fondateurs de la Bretagne. **Féminin :** Corentine.

Cyprien

Prénom d'origine latine qui signifie « originaire de Chypre ». **Personnalité :** sensibilité, créativité, fantaisie, sociabilité. **Fête** le 16 septembre. **Saint Cyprien,** brillant orateur à Carthage au IIIe siècle, se fait baptiser et devient l'évêque de la ville ; il est persécuté par l'empereur Dèce.

D

Damien

Prénom d'origine grecque qui signifie « en rapport avec Damia » (déesse grecque de la fertilité). **Personnalité :** réflexion, étude, sensibilité, travail. **Fête** le 26 septembre. **Saint Damien** est médecin avec son frère Côme en Arabie au IIIe siècle ; il soigne, prêche l'Évangile et convertit tous ceux qui l'approche. Il est décapité.

Dan

Prénom d'origine hébraïque, qui signifie « il fait justice ». **Personnalité :** ambition, orgueil, altruisme, rigueur. **Célébrité :** dans la Bible, Dan est l'ancêtre d'une des douze tribus d'Israël.

David

Prénom d'origine hébraïque qui signifie « bien-aimé de Dieu ». **Personnalité :** volonté, charisme, indépendance, orgueil. **Fête** le 29 décembre. **David,** fils de Jessé, vainqueur de Goliath, est roi de Juda et d'Israël. **Variante :** Davy. **Célébrités :** David Bowie et David Hallyday, chanteurs.

Diégo

Prénom d'origine hébraïque, forme espagnole de Jacques, qui signifie « Dieu a soutenu ». **Personnalité :** indépendance, activité, esprit, intuition. **Fête** le 3 mai. **Saint Jacques le Mineur,** apôtre du Christ, est le patron de Diego.

Dimitri

Prénom d'origine latine, dérivé slave de Démétrie qui signifie « en rapport avec Déméter » (déesse de la Terre et des Moissons). **Personnalité :** sensibilité, générosité, exigence, sociabilité. **Fête** le 26 octobre. **Saint Dimitri,** né en Yougoslavie au Ve siècle, s'établit en Gaule et devient le premier évêque de Gap. **Célébrité :** le fils de Carole Bouquet.

Donovan ↗

Prénom d'origine celte, qui signifie « brun ». **Personnalité :** altruisme, sensibilité, communication, humour. **Fête** le 24 septembre. **Saint Donan,** moine irlandais, est son patron.

Dorian ↑

Prénom d'origine grecque, dérivé de Théodore qui signifie « don de Dieu ». **Personnalité :** sensibilité, réflexion, prudence, étude. **Fête** le 9 novembre. **Saint Théodore,** officier chrétien, est supplicié au IVe siècle en Turquie pour avoir incendié un temple païen. **Féminin :** Doriane.

Dylan ↑

Prénom d'origine celte, qui signifie « mer ». **Personnalité :** opiniâtreté, ordre, stabilité, travail. **Célébrités :** Dylan Thomas poète anglais, le chanteur Bob Dylan.

E

Eddy

Prénom d'origine germanique, diminutif anglo-américain d'Édouard, qui signifie « gardien des richesses ». **Personnalité :** vivacité, charme, activité, adaptabilité. **Fête**: le 5 janvier. **Saint Édouard**, roi d'Angleterre au xie siècle, est son patron. **Autre orthographe :** Eddie. **Célébrités :** Eddy Mitchell, Eddy Murphy, Eddie Barclay.

Éden

Prénom mixte d'origine hébraïque qui signifie « délices ». **Personnalité :** volonté, autorité, activité, indépendance.

Edgar

Prénom d'origine germanique qui signifie « riche lance ». **Personnalité :** combativité, fierté, perfectionnisme, réalisme. **Fête** le 8 juillet. **Saint Edgar le Pacifiste,** roi d'Angleterre au Xe siècle, condamna la violence et le paganisme et protégea l'Église. **Autre orthographe :** Edgard. **Célébrités :** Edgar Allan Poe, écrivain ; Edgar Faure, Edgar Pisani, hommes politiques.

Édouard

→

Prénom d'origine germanique qui signifie « gardien de richesses ». **Personnalité :** ambition, écoute, autorité, impatience. **Fête** le 5 janvier. **Saint Édouard,** roi d'Angleterre au XIe siècle, se distingue par sa bonté et sa charité. **Diminutifs :** Eddy, Ted. **Célébrités :** plusieurs rois d'Angleterre ; Édouard Balladur, homme politique.

Edwin

↑

Prénom d'origine germanique qui signifie « ami des richesses ». **Personnalité :** dynamisme, curiosité, activité, adresse. **Fête** le 12 octobre. **Saint Edwin,** roi d'une province d'Angleterre au VIIe siècle, se convertit et multiplia les monastères. **Variante :** Erwin. **Diminutif :** Edwy. **Célébrité :** Edwy Plenel, journaliste.

Elian

↑

Prénom d'origine hébraïque, variante d'Élie, qui signifie « Yahvé est Dieu ». **Personnalité :** stabilité, calme, travail, efficacité. **Fête** le 20 juillet. **Élie** fut prophète au IXe siècle avant J.-C. **Variantes :** Elia, Elio.

Elias

Prénom d'origine hébraïque, variante d'Élie, qui signifie « Yahvé est Dieu ». **Personnalité :** stabilité, calme, travail, efficacité. **Fête** le 20 juillet. **Élie** fut prophète au IXe siècle avant J.-C. **Variantes :** Eliaz, Eliez. **Célébrité :** Élias Balthazar, fils de Boris Becker.

Élie

Prénom d'origine hébraïque, qui signifie « Seigneur Dieu ». **Personnalité :** charisme, autorité, épicurisme, communication. **Fête** le 20 juillet. **Saint Élie** fut patriarche d'Arménie au VIIIe siècle. **Variantes :** Elias, Elier, Eliott. **Célébrité :** Élie Semoun, acteur.

Eliott

Prénom d'origine hébraïque, dérivé anglo-saxon d'Élie, qui signifie « Mon maître est Dieu ». **Personnalité :** élégance, éloquence, sensibilité, susceptibilité. **Fête** le 20 juillet. **Élie** est prophète au IXe siècle avant J.-C. **Célébrités :** Eliott Ness, personnage de série télévisée ; le petit-fils de Michel Fugain.

Éloi

Prénom d'origine latine qui signifie « élu ». **Personnalité :** sociabilité, ambition, charisme, humour. **Fête** le 1er décembre. **Saint Éloi,** forgeron, puis orfèvre, puis trésorier du roi Dagobert au VIIe siècle, devient évêque à la mort du souverain et distribue tous ses biens aux pauvres.

Élouan ↗

Prénom d'origine celte qui signifie « belle lumière » . **Personnalité :** curiosité, adaptabilité, indépendance, optimisme. **Fête** le 4 août. **Saint Elowan,** d'origine irlandaise, fut fondateur de monastères en Bretagne au VIIe siècle. **Diminutif :** Loan.

Émile ↗

Prénom d'origine latine qui signifie « émule ». **Personnalité :** sensibilité, exigence, passion, travail. **Fête** le 22 mai. **Saint Émile,** chrétien à Carthage au IIIe siècle, renie sa foi sous la menace, se repentit de sa lâcheté, proclame qu'il est chrétien, et meurt sur le bûcher. **Féminin :** Émilie. **Célébrité :** Émile Zola, écrivain.

Émilien ↗

Prénom d'origine latine, dérivé d'Émile qui signifie « émule ». **Personnalité :** sagesse, fidélité, travail, réflexion. **Fête** le 29 avril. **Saint Émilien,** prêtre à Rome au IVe siècle, fut brûlé vif pour avoir renversé des statues païennes. **Féminin :** Émilienne.

Enzo

↑

Prénom d'origine germanique, dérivé italien d'Henri qui signifie « maison du roi ». **Personnalité :** sociabilité, réalisme, efficacité, autonomie. **Fête** le 13 juillet. **Saint Henri,** roi de Bavière au XIe siècle, multiplie les bonnes œuvres et favorise l'évangélisation des Slaves. **Célébrités :** Enzo Ferrari, constructeur automobile italien ; le fils de Benjamin Castaldi et Flavie Flament ; le fils de Zinédine Zidane.

Ernest

↗

Prénom d'origine germanique qui signifie « sérieux ». **Personnalité :** passion, volonté, exigence, énergie. **Fête** le 7 novembre. **Saint Ernest,** abbé d'un monastère près de Cologne au XIIe siècle, suit saint Bernard à la croisade ; il y trouve la mort. **Féminin :** Ernestine. **Célébrité :** Ernest Hemingway, écrivain américain.

Erwann

↑

Prénom d'origine celte, dérivé breton de Yves, qui signifie « if ». **Personnalité :** affectivité, exigence, indépendance, travail. **Fête** le 19 mai. **Saint Yves,** originaire de Tréguier au XIIe siècle, étudie la théologie et le droit. Il devient juge, protège les pauvres et les faibles, arbitre les conflits. Ses contemporains vantent sa piété, sa bonté et son équité.

Ethan

↑

Prénom d'origine hébraïque qui signifie « constant ». **Personnalité :** intuition, mobilité, sens pratique, vivacité. **Autre orthographe :** Etan. **Célébrité :** le fils de Dany Boon.

Étienne

→

Prénom d'origine grecque, dérivé de Stéphane qui signifie « couronné ». **Personnalité :** optimisme, rapidité, harmonie, sociabilité. **Fête** le 26 décembre. **Saint Étienne** prêche l'Évangile à Jérusalem au ier siècle et multiplie les conversions. Il est condamné et meurt lapidé. **Variantes :** Esteban (forme espagnole), Steve, Steven (formes anglo-saxonnes).

Esteban

↗

Prénom d'origine grecque, dérivé espagnol de Stéphane qui signifie « couronné ». **Personnalité :** sociabilité, charme, adaptabilité, éloquence. **Fête** le 26 décembre. **Saint Étienne** prêche l'Évangile à Jérusalem au Ier siècle et multiplie les conversions. Il est condamné et meurt lapidé.

Evan ↑

Prénom d'origine hébraïque, forme galloise de Jean, qui signifie « Dieu a fait grâce ». **Personnalité :** sens des responsabilités, loyauté, perfectionnisme, calme. **Fête** le 24 juin. **Saint Jean** apôtre est son patron.

Ewen ↗

Prénom d'origine grecque, forme galloise d'Eugène qui signifie « bien né ». **Personnalité :** indépendance, intuition, travail, fidélité. **Fête** le 13 juillet. **Saint Eugène,** évêque de Carthage au Ve siècle, est son patron. **Variantes :** Ewan, Owen.

F

Fabio ↗

Prénom d'origine latine, forme italienne de Fabien qui signifie « de la famille fabius ». **Personnalité :** sens des responsabilités, activité, sensibilité, harmonie.

Fête le 20 janvier. **Saint Fabien,** fut élu pape au IIIe siècle, bien qu'il fût laïc.

Félicien

Prénom d'origine latine, dérivé de Félix qui signifie « heureux ». **Personnalité :** énergie, courage, autorité, gentillesse. **Fête** le 9 juin. **Saint Félicien** est condamné au supplice à Rome, au IIIe siècle. **Célébrité :** Félicien Marceau, écrivain.

Félix

Prénom d'origine latine qui signifie « heureux ». **Personnalité :** intuition, charme, indépendance, épicurisme. **Fête** le 12 février. **Saint Félix,** prêtre en Campanie au IIIe siècle, est condamné au martyre. Il échappe à ses bourreaux et termine ses jours en prières et en contemplation. **Féminin :** Félicie. **Célébrités :** Félix Faure, homme politique ; le fils de Victoria Abril.

Flavien

Prénom d'origine latine qui signifie « jaune ». **Personnalité :** équilibre, diplomatie, courage, générosité. **Fête** le 26 septembre. **Saint Flavien** fut patriarche d'Antioche au Ve siècle. **Féminin :** Flavie. **Célébrités :** plusieurs empereurs romains.

Florent

Prénom d'origine latine qui signifie « florissant » . **Personnalité :** sensibilité, réserve, altruisme, intuition. **Fête** le 4 juillet. **Saint Florent,** évêque de Cahors au Ve siècle, évangélise le Quercy. **Variantes :** Florentin, Florestan. **Féminin :** Florence. **Célébrité :** Florent Pagny, chanteur.

Florian

Prénom d'origine latine qui signifie « fleuri ». **Personnalité :** vivacité, individualité, curiosité, adaptabilité. **Fête** le 4 mai. **Saint Florian,** soldat romain chrétien au IIIe siècle, visite les prisonniers et les convertit. Ses supérieurs lui ordonnent de renier sa foi, mais il refuse. il est jeté dans la rivière une pierre au cou **Féminin :** Floriane.

François

Prénom d'origine latine qui signifie « issu des Francs ». **Personnalité :** exigence, prudence, étude, volonté . **Fête** le 4 octobre. **Saint François d'Assise** mène une vie brillante au XIIe siècle dans sa ville natale. Touché par la grâce, il vend ses biens, en distribue le profit aux pauvres et part évangéliser les musulmans en Syrie et en Espagne. **Féminin :** Françoise. **Célébrité :** François Mitterrand, président de la République.

G

Gabin ↗

Prénom d'origine latine qui signifie « originaire de Gabies » (ville du Latium). **Personnalité :** harmonie, élégance, exigence, indépendance. **Fête** le 19 février. **Saint Gabin,** sénateur chrétien à Rome au IIIe siècle, entre dans les ordres à la mort de sa femme. Il est arrêté avec sa fille qui subit le martyre ; il en meurt de chagrin.

Gabriel ↑

Prénom d'origine hébraïque qui signifie « Dieu est ma force ». **Personnalité :** adaptabilité, diplomatie, sociabilité, éloquence. **Fête** le 29 septembre. **Gabriel** est, dans la hiérarchie céleste, l'archange messager du Ciel. Saint Gabriel dirige pendant soixante ans un monastère à Jérusalem au Ve siècle. **Diminutif :** Gaby **Féminin :** Gabrielle. **Célébrités :** Gabriel Péri, homme politique ; le fils du prince Philippe de Belgique ; Gabriel-Kane, le fils d'Isabelle Adjani ; le fils de Joan Baez.

Gaétan ↑

Prénom d'origine latine, qui signifie « originaire de Gaète ». **Personnalité :** méfiance, sérénité, stabilité, liberté. **Fête** le 7 août. **Saint Gaétan** fonda une congrégation religieuse pour soigner les malades et secourir les pauvres, en Italie au XVIe siècle.

Gaspard

Prénom d'origine sanscrite qui signifie « celui qui vient voir ». **Personnalité :** vivacité, diplomatie, éloquence, finesse. **Fête** le 6 janvier. **Gaspard** est l'un des rois Mages venus d'Orient pour adorer l'enfant Jésus quelques jours après sa naissance. **Variante :** Casper. **Célébrités :** le fils de Maureen Door ; le fils de Claudia Schiffer.

Gauthier

Prénom d'origine germanique, qui signifie « gouverneur de l'armée ». **Personnalité :** dynamisme, autonomie, rigueur, fiabilité. **Fête** le 9 avril. **Saint Gauthier** fut nommé par le pape abbé de Saint-Martin-de-Pontoise malgré sa résistance, au XIe siècle. **Variantes :** Gaultier, Gautier.

Geoffrey

Prénom d'origine germanique, qui signifie « paix de Dieu ». **Personnalité :** orgueil, autonomie, sociabilité, charisme. **Fête** le 15 janvier. **Saint Godefroy** fut prieur du monastère fondé par saint Bernard au XIIe siècle. **Variantes :** Godefroy, Geoffroy.

Gianni

Forme italienne de Jean, d'origine hébraïque, signifiant « Dieu a fait grâce ». **Personnalité :** réflexion, introspection, étude, réserve. **Fête** le 24 juin. **Saint Jean** fut apôtre du Christ et rédacteur du quatrième Évangile. **Variante :** Giovanni. **Célébrité :** le chanteur Gianni Esposito.

Gillian

Prénom mixte d'origine grecque, variante de Gilles, qui signifie « protection ». **Personnalité :** opportunisme, indépendance, activité, adaptabilité. **Fête** le 1er septembre. **Saint Gilles,** athénien, établit son ermitage en Provence au Ve siècle et demanda au prince qui le blessa par mégarde de construire un monastère à l'endroit de l'accident.

Grégoire

Prénom d'origine grecque, qui signifie « veilleur ». **Personnalité :** curiosité, vivacité, indépendance, optimisme. **Fête** le 3 septembre. **Saint Grégoire,** préfet de Rome au VIe siècle, se retire dans un monastère qu'il a édifié sur ses terres pour méditer et prier. Le pape l'appelle près de lui et il devient évêque, puis pape alors que la peste ravage la ville et que les inondations la menacent. **Variante :** Grégory.

Guilhem ↗

Prénom d'origine germanique, dérivé de Guillaume qui signifie « volonté » et « protection ». **Personnalité :** combativité, exigence, volonté, rigueur. **Fête** le 10 janvier. **Saint Guillaume** est son protecteur.

Guillaume →

Prénom d'origine germanique, qui signifie « volonté de protection ». **Personnalité :** intuition, passion, exigence, sensibilité. **Fête** le 10 janvier. **Saint Guillaume,** archevêque de Bourges au XIIIe siècle, fut toute sa vie au service des plus humbles. **Variantes :** Guilhem, Guillemin. **Célébrité :** Guillaume le Conquérant.

Gustave ↗

Prénom d'origine latine qui signifie « vénérable ». **Personnalité :** indépendance, épicurisme, curiosité, vivacité. **Fête** le 7 octobre. **Saint Gustave** est abbé à Bourges au VIe siècle. **Célébrités :** Gustave Eiffel, ingénieur ; Gustave Flaubert, écrivain ; Gustave Courbet, peintre ; le fils de Clémentine Célarié.

Gwendal ↑

Prénom d'origine celte qui signifie « béni et généreux ». **Personnalité :** dynamisme, volonté, indépendance, sensibilité. **Fête** le 18 janvier. **Saint Gwenhaël,** moine voyageur, fut le fondateur de monastères en Cornouailles au VIe siècle.

H

Hector ↗

Prénom d'origine grecque, qui signifie « qui détient ». **Personnalité :** responsabilité, fidélité, volonté, travail. **Célébrité :** le héros de *L'Iliade* d'Homère.

Henri →

Prénom d'origine germanique, qui signifie « maison du roi ». **Personnalité :** réalisme, efficacité, indépendance, sociabilité. **Fête** le 13 juillet. **Saint Henri,** roi de Germanie au XIe siècle, favorisa l'évangélisation de son pays. **Variantes :** Harry, Heinz.

Hippolyte

Prénom d'origine grecque qui signifie « qui détache les chevaux » **Personnalité :** sensibilité, travail, discrétion, humour **Fête** le 3 août **Saint Hippolyte,** prêtre à Rome au IIIe siècle, oppose au pape ses théories de théologien ; il est déporté. **Célébrités :** Hippolyte Taine, historien et philosophe ; Hippolyte Girardot, acteur.

Hugo

Prénom d'origine germanique, dérivé de Hugues qui signifie « intelligence ». **Personnalité :** affectivité, exigence, perfectionnisme, secret. **Fête** le 1er avril. **Saint Hugues** est évêque de Grenoble au Ve siècle ; son sacerdoce dure cinquante-deux ans. **Célébrité :** Ugo Tognazzi, acteur.

I

Ilan

Prénom d'origine hébraïque, qui signifie « chêne ». **Personnalité :** réflexion, étude, spiritualité, réserve. **Variante :** Ilon.

Ilias

Prénom d'origine hébraïque, variante d'Élie. **Personnalité :** épicurisme, dynamisme, sociabilité, adaptabilité. **Fête** le 20 juillet. Saint Élie fut patriarche en Arménie au VIIIe siècle. **Variante :** Elias.

Isaac

Prénom d'origine hébraïque, qui signifie « Dieu a ri ». **Personnalité :** responsabilité, stabilité, perfectionnisme, fidélité. **Fête** le 20 décembre. **Célébrité :** Isaac est dans la Bible le fils de Sarah et d'Abraham.

Ismaël

Prénom d'origine hébraïque qui signifie « Dieu entendra ». **Personnalité :** ambition, ténacité, énergie, combativité. **Un peu d'histoire :** Ismaël est dans la

Bible le fils qu'Abraham eut d'Agar, la servante de sa femme Sarah. Celle-ci pensait être stérile et accepta donc que son mari eût un enfant d'une autre femme. Mais Sarah accoucha peu après d'un fils nommé Isaac. Ismaël est l'ancêtre des Ismaélites, c'est-à-dire des Arabes. **Autre orthographe :** Ismaïl (forme arabe).

J

Jamie ↗

Forme anglo-américaine de Jacques, d'origine hébraïque, signifiant « Dieu a soutenu ». **Personnalité :** charisme, épicurisme, intelligence, exigence. **Fête** le 3 mai. **Saint Jacques** fut apôtre du Christ et évangélisa l'Espagne. **Variantes :** Jaimie, James. **Célébrité :** le cuisinier Jamie Oliver.

Jean ↑

Prénom d'origine hébraïque qui signifie « Dieu a fait grâce ». **Personnalité :** éloquence, curiosité, exigence, intelligence. **Fête** le 24 juin. **Saint Jean,** apôtre de Jésus, est l'auteur présumé du quatrième Évangile. **Variantes :** Jehan, Yanis, Yann.

Féminins : Jeanne, Jehanne. **Célébrités :** Jean de La Fontaine, fabuliste ; Jean Gabin, acteur ; Jean Alési, coureur automobile.

Jessy ↗

Prénom d'origine hébraïque, forme anglo-américaine de Jessé, qui signifie « cadeau ». **Personnalité :** rigueur, ambition, travail, sens des responsabilités. **Fête** le 4 novembre. **Un peu d'histoire :** Jessé est un personnage biblique qui fut le père du roi David.

Joachim →

Prénom d'origine hébraïque qui signifie « Dieu s'est levé ». **Personnalité :** passion, intuition, indépendance, activité. **Fête** le 26 juillet. **Saint Joachim** est le mari de sainte Anne, et le père de la Vierge Marie. **Célébrités :** Joachim du Bellay, poète ; le fils de Yannick Noah.

Jonas ↗

Prénom d'origine hébraïque qui signifie « colombe ». **Personnalité :** réflexion, calme, patience, rigueur. **Fête** le 21 septembre. **Saint Jonas** fut un prophète juif. La légende prétend qu'il vécut plusieurs jours dans le ventre d'une baleine.

Jordan

Prénom d'origine araméenne qui signifie « qui répand la vie ». **Personnalité :** ambition, volonté, travail, autorité. **Fête** le 23 avril. **Saint Georges,** patron de Jordan, est un chevalier romain. D'après la légende, il propose de terrasser un dragon qui sème la terreur dans une ville de Libye à condition que la population accepte le baptême. Il tue l'animal, mais il est aussitôt décapité.

Joris

Prénom d'origine grecque, forme néerlandaise de Georges qui signifie « qui travaille la terre ». **Personnalité :** imagination, travail, ambition, indépendance. **Fête** le 23 avril. **Saint Georges,** d'après la tradition, terrassa un dragon qui menaçait les habitants d'une ville ; ceux-ci, apprenant qu'il était chrétien, le condamnent à mort.

Joseph

Prénom d'origine hébraïque qui signifie « Dieu ajoutera ». **Personnalité :** détermination, combativité, autorité, impatience. **Fête** le 19 mars. **Saint Joseph** est l'époux de la Vierge Marie, le père nourricier de Jésus. **Variante :** José. **Féminin :** Joséphine. **Célébrités :** le fils de Sting ; le fils de Louis Chedid ; le fils de Kristin Scott Thomas.

Joshua ↗

Prénom d'origine hébraïque, forme anglo-américaine de Josué qui signifie « Dieu délivre ». **Personnalité :** émotivité, charme, perfectionnisme, écoute. **Fête** le 1er septembre. **Josué** fut le successeur de Moïse à la tête des Hébreux au XIIe siècle avant J.-C.

Josselin ↗

Prénom d'origine germanique, du nom du dieu Gauz. **Personnalité :** émotivité, sérénité, sociabilité, calme. **Fête** le 13 décembre. **Saint Josse** fut ermite en Picardie au VIIe siècle.

Jules ↑

Prénom d'origine latine qui signifie « issu de la famille Iule » (illustre famille romaine à laquelle appartenait Jules César). **Personnalité :** autorité, franchise, charisme, ambition. **Fête** le 12 avril. **Saint Jules,** pape au IVe siècle, lutte contre le paganisme. **Féminins :** Julia, Julie. **Célébrités :** Jules César, empereur romain ; Jules Verne, Jules Romain, écrivains ; Jules Ferry, Jules Grévy, hommes politiques.

Julian ↑

Forme anglo-américaine de Julien, prénom d'origine

latine qui signifie « issu de la famille Iulii » (famille illustre à laquelle appartenait Jules César). **Personnalité :** calme, stabilité, réserve, patience. **Fête** le 28 août. **Saint Julien,** soldat chrétien en Gaule au IIIe siècle, est hébergé chez une femme qui le cache des persécutions ; il se dénonce pour ne pas la compromettre, et il est décapité. **Autre orthographe :** Jullian. **Célébrité :** Julian Lennon, fils de John.

Julien

→

Prénom d'origine latine, dérivé de Jules qui signifie « de la famille Iule » (illustre famille romaine à laquelle appartenait Jules César). **Personnalité :** énergie, générosité, franchise, combativité. **Fête** le 28 août. **Saint Julien,** soldat chrétien en Gaule au IIIe siècle, est hébergé chez une femme qui le cache des persécutions ; il se dénonce pour ne pas la compromettre, et il est décapité. **Variante :** Julian. **Célébrité :** Julien Clerc, chanteur.

Justin

↗

Prénom d'origine latine qui signifie « juste ». **Personnalité :** curiosité, vivacité, optimisme, activité. **Fête** le 1er juin. **Saint Justin,** grec né en Palestine, devient prêtre et étudie la théologie à Rome au IIe siècle. Il intercède auprès de l'empereur Marc-Aurèle pour qu'il libère les chrétiens ; il est décapité. **Féminin :** Justine.

K

Kenzo

Prénom d'origine arabe, qui signifie « trésor ». **Personnalité :** équilibre, stabilité, construction, réalisation. **Célébrité :** le couturier Kenzo.

Kévin

Prénom d'origine celte, dérivé de Coemgen qui signifie « bien planté ». **Personnalité :** intuition, secret, sensibilité, réflexion. **Fête** le 3 juin. **Saint Kévin,** ermite en Irlande au VIe siècle, ascète parfait, se consacre jour et nuit à la contemplation et à la prière, et se nourrit de racines. Il aurait vécu jusqu'à cent vingt ans. **Variantes :** Gauvain, Gauwin.

Killian

Prénom d'origine celte qui signifie « église ». **Personnalité :** passion, charisme, loyauté, autorité. **Fête** le 8 juillet. **Saint Killian,** moine irlandais, est missionnaire en Bavière au VIIe siècle. **Variante :** Kelian. **Célébrité :** le fils de Roch Voisine.

L

Laury ↗

Prénom d'origine latine, dérivé de Laurent, qui signifie « laurier ». **Personnalité :** impatience, charme, sociabilité, adaptabilité. **Fête** le 10 août. **Saint Laurent** fut diacre et martyr à Rome au IIIe siècle. **Autre orthographe :** Laurie.

Léandre ↑

Prénom d'origine grecque, qui signifie « homme ». **Personnalité :** curiosité, indépendance, vivacité, charme. **Fête** le 27 février. **Saint Léandre** fut évêque de Séville en Espagne au VIe siècle.

Lenny ↗

Prénom d'origine grecque, masculin d'Hélène, qui signifie « éclat du soleil ». **Personnalité :** curiosité, réserve, réflexion, travail. **Fête** le 18 août. **Sainte Hélène,** fille d'un aubergiste à Rome au IIIe siècle, épousa l'empereur Constance Chlore et fut la mère de Constantin ; elle se convertit et favorisa le christianisme dans l'empire. **Autre orthographe :** Lény. **Célébrités :** les chanteurs Lény Escudero et Lenny Kravitz.

Léo

Prénom d'origine latine, diminutif de Léon qui signifie « lion ». **Personnalité :** charisme, volonté, ambition, diplomatie. **Fête** le 10 novembre. **Saint Léon,** prédicateur, écrivain, diplomate, est pape au Ve siècle. C'est lui qui impose Rome pour capitale de la chrétienté. Il est docteur de l'Église. **Célébrités :** Léo Delibes, compositeur ; Léo Ferré, chanteur ; le fils d'Élia Kazan.

Léon

Prénom d'origine latine qui signifie « lion ». **Personnalité :** impatience, émotivité, intuition, adaptabilité **Fête** le 10 novembre. **Saint Léon,** pape au Ve siècle, imposa Rome comme capitale de la chrétienté ; il sut, par ses habiles négociations, éviter le saccage de Rome par les Huns, lutta contre le paganisme et rédigea plus de cent sermons. **Variante :** Léonce. **Féminins :** Léone, Léonie, Léontine. **Célébrités :** Léon Tolstoï, écrivain russe ; le fils de Patrick Bruel ; le fils de Carole Bouquet.

Léonard

Prénom d'origine latine, dérivé de Léon qui signifie « lion ». **Personnalité :** ambition, détermination, impatience, activité. **Fête** le 6 novembre. **Saint Léonard,** ami de saint Rémi et de Clovis, fonda un monastère qui devint un lieu de pèlerinage réputé. **Célébrités :** Léonard de Vinci, peintre ; Léonard Cohen, chanteur ; Léonardo Di Caprio, acteur américain.

Léopold ↗

Prénom d'origine germanique qui signifie « peuple courageux ». **Personnalité :** ambition, activité, volonté, autorité. **Fête** le 15 novembre. **Saint Léopold,** prince d'Autriche au XIIe siècle, multiplie les monastères dans son pays. **Féminin :** Léopoldine. **Célébrités :** plusieurs rois des Belges ; Léopold Sédar Senghor, poète et homme d'état sénégalais.

Liam ↑

Prénom d'origine germanique, forme anglo-américaine de Guillaume, qui signifie « volonté de protection ». **Personnalité :** sens pratique, ambition, opiniâtreté, travail. **Fête** le 10 janvier. **Saint Guillaume,** évêque de Bourges au XIIIe siècle, fut un modèle de piété et de bonté. **Célébrités :** Liam Gallagher, chanteur anglais ; le fils de Faye Dunaway.

Lilian ↗

Prénom d'origine latine qui signifie « lys ». **Personnalité :** communication, assurance, harmonie, réflexion

Fête le 27 juillet **Sainte Liliane** proclame sa foi chrétienne à Cordoue, au IXe siècle ; elle est décapitée. **Célébrité :** Lilian Thuram, footballeur.

Loan

Prénom d'origine celte, diminutif de Élouan qui signifie « belle lumière ». **Personnalité :** autorité, travail, ambition, réserve. **Fête** le 4 août **Saint Elowan,** moine irlandais au VIIe siècle, s'établit en Bretagne pour y fonder des monastères.

Logan

Prénom d'origine irlandaise qui signifie « prairie ». **Personnalité :** travail, stabilité, persévérance, rigueur.

Loïs

Prénom mixte d'origine germanique, dérivé de Louis, qui signifie « glorieux combattant ». **Personnalité :** calme, stabilité, perfectionnisme, ambition. **Fête** le 25 août. **Saint Louis** est son patron. **Autre orthographe :** Loys.

Lorenzo

Prénom d'origine latine, forme italienne de Laurent

qui signifie « laurier ». **Personnalité :** travail, intelligence, impatience, goût du pouvoir. **Fête** le 10 août. **Saint Laurent,** qui doit dresser un état des biens de l'Église pour l'empereur, lui présente mendiants, infirmes et malades. Il est condamné à mort pour sa provocation. **Célébrités :** le fils d'Anthony Quinn ; le fils d'Isabelle Huppert.

Loris ↗

Prénom d'origine latine, dérivé de Laurent qui signifie « laurier ». **Personnalité :** sociabilité, fantaisie, créativité, éloquence. **Fête** le 10 août. **Saint Laurent,** sommé par l'empereur Valérien de dresser un état des biens de l'Église, le provoque en lui présentant une horde de mendiants et d'infirmes. Il est condamné au supplice.

Louis ↑

Prénom d'origine germanique qui signifie « glorieux vainqueur ». **Personnalité :** ambition, travail, fidélité, détermination. **Fête** le 25 août. **Saint Louis,** roi de France au XIIIe siècle, est un modèle de piété, de gestion sage et de charité. Il meurt au cours de la quatrième croisade. **Variantes :** Loïc, Ludovic. **Féminin :** Héloïse, Louise. **Célébrités :** dix-huit rois de France ; Louis Lumière ; Louis Pasteur, biologiste ; Louis

Armstrong, musicien ; Louis Aragon, écrivain ; Louis de Funès, acteur ; Louis Malle, réalisateur ; Louis Vuitton ; Louis Chedid, chanteur ; le fils de la princesse Stéphanie de Monaco ; le fils de Mel Gibson.

Louison

Prénom mixte d'origine germanique, dérivé de Louis, qui signifie « glorieux ». **Personnalité :** charme, intuition, perfectionnisme, diplomatie. **Fête** le 25 août. **Saint Louis** est son patron. **Célébrité :** Louison Bobet, coureur cycliste.

Lucas

Prénom d'origine latine, dérivé de Luc qui signifie « lumière ». **Personnalité :** sens de l'organisation, méthode, affectivité, réflexion. **Fête** le 18 octobre. **Saint Lucas,** missionnaire au Japon au XVIIe siècle, est mis à mort par les infidèles. **Célébrité :** le fils de Mike Jagger.

M

Maël ↗

Prénom d'origine celte qui signifie « prince ». **Personnalité :** affectivité, indépendance, ambition, travail. **Fête** le 13 mai. **Saint Maël,** moine gallois, est ermite en Bretagne au Ve siècle. **Variante :** Mahé. **Féminin :** Maëlle.

Mallaury ↑

Prénom mixte d'origine celte, dérivé de Malo, qui signifie « gage de lumière ». **Personnalité :** activité, perfectionnisme, volonté, ambition. **Fête** le 15 novembre. **Saint Malo,** moine gallois, fut l'un des fondateurs de la Bretagne. **Autres orthographes :** Mallaurie et Mallorie (davantage féminins), Mallory.

Malo ↑

Prénom d'origine celte, qui signifie « gage lumineux ». **Personnalité :** réflexion, sensibilité, prudence, réserve. **Fête** le 15 novembre. **Saint Malo,** moine gallois, s'établit en Bretagne au vie siècle pour y fonder des monastères. Il est l'un des saints fondateurs de la Bretagne. **Variantes :** Malcolm, Mallaury.

Marceau ↗

Prénom d'origine latine, dérivé de Marc qui signifie « marteau ». **Personnalité :** franchise, ambition, indépendance, travail. **Fête** le 25 avril. **Saint Marc** est apôtre de Jésus ; il rédige le second Évangile et fonde une colonie chrétienne à Alexandrie après la Pentecôte.

Marco ↑

Prénom d'origine latine, forme italienne de Marc qui signifie « marteau ». **Personnalité :** courage, détermination, activité, ambition. **Fête** le 25 avril. **Saint Marc,** apôtre de Jésus, rédigea le second Évangile et fonda une colonie chrétienne à Alexandrie. **Célébrité :** Marco Polo, navigateur vénitien.

Marin ↑

Prénom d'origine latine qui signifie « qui vient de la mer ». **Personnalité :** sensibilité, autorité, réserve, affectivité. **Fête** le 3 mars. **Saint Marin** est nommé centurion de la garde romaine ; un concurrent jaloux le dénonce comme chrétien ; il est décapité. **Féminins :** Marina, Marine.

Marius ↑

Prénom d'origine latine, en souvenir du général romain

qui chassa les barbares de Gaule au cours d'une bataille qui eut pour décor la montagne Sainte-Victoire en Provence. **Personnalité :** activité, fantaisie, sociabilité, humour. **Fête** le 19 janvier. **Saint Marius** soutient les prisonniers arrêtés pour avoir proclamé leur foi, à Rome au IIe siècle ; il les suit au supplice. **Célébrités :** un général et consul romain au Ier siècle avant J.-C. ; le personnage de Marcel Pagnol.

Martin

Prénom d'origine latine, qui signifie « guerrier ». **Personnalité :** sociabilité, exigence, adresse, épicurisme. **Fête** le 11 novembre. **Saint Martin** est évêque de Tours au IVe siècle. Il est renommé pour avoir partagé son manteau en deux afin d'habiller un mendiant en haillons. **Célébrités :** Martin Luther King, pasteur américain prix Nobel de la paix ; Martin Scorsese, réalisateur ; Martin Lamotte, acteur ; le fils de Victoria Abril.

Marvin

Prénom d'origine celte, qui signifie « amoureux de la mer ». **Personnalité :** affectivité, souplesse, indépendance, curiosité. **Fête** le 3 mars. **Saint Marin,** son patron, centurion de la garde romaine en Palestine au IIIe siècle, fut décapité.

Mathias

Prénom d'origine hébraïque qui signifie « don ». **Personnalité :** sociabilité, sensibilité, courage, volonté. **Fête** le 14 mai. **Mathias,** apôtre de Jésus, évangélisa la Judée et la Macédoine. **Variante :** Mathis **Autre orthographe :** Matthias.

Mathis

Prénom d'origine hébraïque, dérivé de Mathias qui signifie « don ». **Personnalité :** sensibilité, volonté, indépendance, adresse. **Fête** le 14 mai. **Mathias** est apôtre de Jésus. Il évangélise la Macédoine.

Mattéo

Prénom d'origine hébraïque, forme italienne de Mathieu qui signifie « don ». **Personnalité :** détermination, réflexion, sagesse, sens des responsabilités. **Fête** le 21 septembre. **Matthieu** fût apôtre du Christ et évangéliste. **Autre orthographe :** Mathéo.

Matthieu

Prénom d'origine hébraïque qui signifie « don ». **Personnalité :** générosité, secret, réflexion, étude. **Fête** le 21 septembre. **Matthieu** est apôtre de Jésus ; après la Pentecôte, il évangélise la Palestine, l'Égypte et l'Éthiopie. **Autre orthographe :** Mathieu. **Célébrité :** Mathieu Chedid, chanteur.

Maxence

Prénom mixte d'origine latine, dérivé de Maxime qui signifie « le plus grand ». **Personnalité :** altruisme, passion, sociabilité, idéalisme. **Fête** le 20 novembre. **Sainte Maxence,** Irlandaise, fonde un ermitage en Gaule au IIIe siècle.

Maxime

Prénom d'origine latine qui signifie « le plus grand ». **Personnalité :** travail, adresse, adaptabilité, exigence. **Fête** le 14 avril. **Saint Maxime** est prêtre orthodoxe au VIIe siècle à Constantinople. **Variantes :** Max, Maximin. **Célébrité :** Maxime Le Forestier, chanteur.

Melchior

Prénom d'origne hébraïque qui signifie « roi ». **Personnalité :** sensibilité, générosité, rêverie, disponibilité. **Fête** le 6 janvier. **Melchior** est, selon la tradition, l'un des Rois Mages venus adorer l'enfant Jésus.

Melvin ↗

Prénom d'origine irlandaise qui signifie « grand chef ». **Personnalité :** sensibilité, fidélité, charisme, secret. **Fête** le 24 juin avec Jean.

Merlin ↑

Prénom d'origine littéraire. **Personnalité :** sérieux, équité, sens pratique, opportunisme. **Célébrité :** Merlin l'Enchanteur est un personnage de la légende celte du roi Arthur.

Michaël →

Prénom d'origine hébraïque qui signifie « comme Dieu ». **Personnalité :** sensibilité, générosité, calme, sens des responsabilités. **Fête** le 29 septembre. **Saint Michel** est l'archange qui accueille les défunts dans le paradis céleste. **Célébrités :** Michael Douglas, acteur américain ; Michael Jordan, basketteur.

Milan ↑

Prénom d'origine slave, qui signifie « brillante victoire ». **Personnalité :** volonté, sociabilité, joie de vivre, charisme.

N

Nathan

Prénom d'origine hébraïque qui signifie « Dieu a donné ». **Personnalité :** prudence, réserve, sensibilité, tradition. **Fête** le 26 août. **Nathan** est un prophète au xe siècle avant J.-C., conseiller du roi David. **Saint Nathanaël** est un apôtre de Jésus ; il évangélise l'Arménie. **Variante :** Nathanaël.

Nathanaël

Prénom d'origine hébraïque, qui signifie « Dieu a donné ». **Personnalité :** vivacité, activité, volonté, ambition. **Fête** le 24 août. **Saint Nathanaël** fut apôtre du Christ et évangélisateur de l'Arménie. **Variante :** Nathaniel.

Nicolas

Prénom d'origine grecque qui signifie « victoire du peuple ». **Personnalité :** intelligence, travail, élitisme, autorité. **Fête** le 6 décembre. **Saint Nicolas** est évêque de Myra en Anatolie au IIIe siècle. Il lutte contre le paganisme et résiste aux menaces de l'empereur Dioclétien. **Variantes :** Colas, Colin, Niels **Féminins :** Colette, Coline, Nicole. **Célébrités :** Nicolas Machiavel et

Nicolas Boileau, écrivains ; Nicolas Anelka, footballeur ; Nicolas Fouquet et Nicolas Sarkozy, hommes politiques ; Nicolas Hulot, reporter.

Niels

Prénom d'origine grecque, dérivé scandinave de Nicolas qui signifie « victoire du peuple ». **Personnalité :** intelligence, activité, rapidité, travail. **Fête** le 6 décembre. **Saint Nicolas,** évêque de Myra en Anatolie au IIIe siècle, lutte contre l'arianisme sans se laisser impressionner par les menaces de l'empereur Dioclétien **Variante :** Nils.

Nino

Prénom d'origine hébraïque, diminutif italien de Jean, qui signifie « Dieu a fait grâce ». **Personnalité :** affectivité, réserve, sens de la justice, idéalisme. **Fête** le 24 juin. **Saint Jean** fut disciple du Christ et rédacteur de trois épîtres et du quatrième Évangile. **Célébrité :** Nino Ferrer, chanteur.

Noah

Forme anglo-américaine de Noé, il signifie « apaisement ». **Personnalité :** imagination, réserve, activité, affectivité. **Célébrité :** le fils de Boris Becker.

Noé

↑

Prénom d'origine hébraïque qui signifie « celui qui console ». **Personnalité :** curiosité, discrétion, affectivité, activité. **Fête** le 10 novembre. **Noé** est, selon la tradition, l'élu de Dieu pour être sauvé avec sa famille au moment du déluge. Il embarque dans une arche avec un couple de chaque espèce animale. Au bout de quarante jours de pluie, l'arche se pose au sommet d'une montagne. Noé libère les animaux qui peupleront la Terre. **Célébrités :** le fils de Judith Godrèche et Dany Boon ; le fils de Gad Elmaleh et Anne Brochet.

Nolan

↗

Prénom d'origine gaélique qui signifie « célèbre ». **Personnalité :** émotivité, adaptabilité, sens des affaires, persévérance.

O

Octave

↗

Prénom d'origine latine qui signifie « huitième ». **Personnalité :** intuition, rapidité, adaptabilité, charisme. **Fête** le 20 novembre. **Saint Octave,** soldat romain chrétien, est massacré avec ses compagnons à Turin au IVe siècle. **Féminin :** Octavie.

Oscar

Prénom d'origine germanique, dérivé d'Anskar qui signifie « lance d'Ans » (divinité teutonne). **Personnalité :** détermination, travail, sensibilité, réserve. **Fête** le 19 mars. **Saint Anskar,** moine picard au IXe siècle, devient évêque de Brême, en Allemagne, après avoir tenté en vain d'évangéliser les peuples nordiques. **Célébrités :** Oscar Wilde, écrivain anglais ; le fils de Patrick Bruel.

Owen

Prénom d'origine galloise, qui signifie « bien né ». **Personnalité :** vivacité, intelligence, sociabilité, facilité. **Fête** le 15 novembre, avec Eugène dont l'étymologie (grecque) a la même signification. **Saint Eugène,** évêque de Tolède au IIIe siècle, se retira en France et y fonda un monastère. **Célébrités :** le fils de Stephen King ; le fils de Christopher Reeves.

P

Pablo

Prénom d'origine latine, forme espagnole de Paul qui signifie « petit ». **Personnalité :** organisation, travail, persévérance, exigence. **Fête** le 29 juin. **Saint Paul** est apôtre du Christ et auteur de quatorze épîtres. Il prêche en Asie Mineure et en Grèce. **Célébrités :** Pablo Picasso, peintre ; Pablo Neruda, poète chilien.

Paul

Prénom d'origine latine qui signifie « faible ». **Personnalité :** passion, intelligence, ambition, volonté. **Fête** le 29 juin. **Saint Paul** est apôtre du Christ et auteur de quatorze épîtres. Il prêche en Asie Mineure et en Grèce. **Variantes :** Paulin, Pol. **Féminins :** Paule, Pauline. **Célébrités :** Paul Cézanne, peintre ; Paul Claudel, Paul Eluard, poètes ; Paul Auster, romancier américain ; Paul McCartney, chanteur.

Pierre

Prénom d'origine latine, qui signifie « pierre ». **Personnalité :** activité, secret, passion, rapidité.

Fête le 29 juin. **Saint Pierre** est le chef des apôtres et le premier pape. Il prêche en Palestine, en Grèce et à Rome après la Pentecôte. **Féminins :** Perrine, Pétronille. **Célébrités :** Pierre le Grand, tsar de Russie ; Pierre Ronsard, poète ; Pierre Curie, physicien, prix Nobel de physique ; Pierre Cardin, couturier ; Pierre Arditi, Pierre Richard, acteurs ; l'abbé Pierre.

Q

Quentin

Prénom d'origine latine, qui signifie « cinquième ». **Personnalité :** sensibilité, curiosité, obstination, rapidité. **Fête** le 31 octobre. **Saint Quentin,** prêtre à Rome au IIIe siècle évangélise la Gaule. **Célébrités :** Quentin de La Tour, peintre ; Quentin Tarentino, acteur américain.

R

Raphaël

Prénom d'origine hébraïque qui signifie « Dieu a guéri ». **Personnalité :** émotivité, réflexion, sensibilité, prudence. **Fête** le 29 septembre. **Raphaël** est archange, messager de Dieu comme Gabriel. **Féminin :** Raphaëlle. **Célébrités :** Raphaël Haroche, chanteur ; le fils d'Hélène Ségara ; le fils de Juliette Binoche ; le fils de France Gall et Michel Berger.

Rémi

Prénom d'origine latine qui signifie « remède ». **Personnalité :** adaptabilité, intuition, fantaisie, indépendance. **Fête** le 15 janvier. **Saint Rémi,** évêque de Reims au Vᵉ siècle, est le conseiller de la reine Clotilde. Il exhorte Clovis à se faire baptiser avec son armée. **Autre orthographe :** Rémy.

Robin

Prénom d'origine germanique, dérivé de Robert qui signifie « grande gloire ». **Personnalité :** intuition, prudence, calme, réserve. **Fête** le 30 avril. **Saint Robert** fut le fondateur de l'ordre des Citeaux.

Célébrités : Robin des Bois, héros légendaire du Moyen Âge anglais ; Robin Williams, acteur américain ; le fils de Björn Borg.

Romain

Prénom d'origine latine qui signifie « originaire de Rome ». **Personnalité :** réflexion, étude, sensibilité, humour. **Fête** le 28 février. **Saint Romain,** ermite dans le Jura au Vᵉ siècle, fonde avec son frère Lupicin plusieurs monastères. **Variante :** Roman. **Célébrités :** Romain Gary, écrivain ; Romain Duris, acteur.

Roman

Prénom d'origine latine, dérivé de Romain qui signifie « originaire de Rome ». **Personnalité :** sensibilité, fidélité, charisme, secret. **Fête** le 28 février. **Saint Romain** est ermite dans le Jura au Vᵉ siècle. **Féminin :** Romane. **Célébrité :** le fils de Francis Coppola.

Roméo

Prénom d'origine latine, qui signifie « romain ». **Personnalité :** ambition, réalisme, fierté, susceptibilité. **Fête** le 25 février. **Saint Roméo** fut moine limousin au XIVᵉ siècle. **Variantes :** Romain, Roman.

Célébrité : le personnage de Roméo dans *Roméo et Juliette* de Shakespeare.

Ronan

Prénom d'origine celte qui signifie « royal ». **Personnalité :** sensibilité, indépendance, affectivité, autonomie. **Fête** le 1er juin. **Saint Ronan,** moine irlandais, évangélise la Bretagne au VIe siècle. **Variante :** Renan.

Ryan

Prénom d'origine gaélique qui signifie « roi ». **Personnalité :** aventure, sens des responsabilités, adaptabilité, activité. **Fête** le 8 mars. **Saint Ryan** est abbé au Pays de Galles au Ve siècle. **Variante :** Rayan.

S

Sacha

Prénom mixte d'origine grecque, diminutif d'Alexandre qui signifie « celui qui repousse ». **Personnalité :** séduction, passion, charisme, sensibilité. **Fête** le 22 avril. **Saint Alexandre,** fils du grand duc de Russie au XIIIe siècle, remporta de brillants succès militaires avant de devenir archevêque de Moscou. Il mourut du choléra en soignant ses fidèles. **Célébrités :** Sacha Guitry, auteur dramatique ; Sacha Pitoeff, acteur.

Samuel

Prénom d'origine hébraïque qui signifie « son nom est Dieu ». **Personnalité :** autorité, énergie, exigence, activité. **Fête** le 20 août. **Samuel** est l'un des grands juges d'Israël, auteur du *Livre de Samuel,* composition de récits historiques et de textes poétiques **Variante :** Sami. **Célébrités :** le fils de Jermy Irons ; le fils de Jessica Lange.

Simon

Prénom d'origine hébraïque, qui signifie « exaucé ». **Personnalité :** sensibilité, autonomie, sociabilité, souplesse. **Fête** le 28 octobre. **Saint Simon** fut apôtre du Christ et évangélisateur de la Perse.

Swann

Prénom mixte d'origine scandinave qui signifie « jeune ». **Personnalité :** calme, harmonie, sens des responsabilités, rigueur. **Fête** le 21 décembre. **Autre orthographe :** Sven (forme scandinave). **Célébrité :** Charles Swann, héros de Marcel Proust.

T

Théo ↑

Prénom d'origine grecque, diminutif de Théodore qui signifie « don de dieu ». **Personnalité :** adaptabilité, affectivité, éloquence, sensibilité. **Fête** le 9 novembre. **Saint Théodore,** officier chrétien, est supplicié au IVe siècle en Turquie pour avoir incendié un temple païen. **Autre orthographe :** Théau. **Féminin :** Théa. **Célébrités :** le fils de Mia Farrow ; le fils de Steven Spielberg.

Théodore ↑

Prénom d'origine grecque qui signifie « don de Dieu ». **Personnalité :** affectivité, attention, prudence, réserve. **Fête** le 9 novembre. **Saint Théodore,** officier chrétien, met le feu à un temple païen ; il est condamné au supplice. **Célébrités :** Theodore Roosevelt, président des États-Unis ; Théodore Géricault, peintre.

Théophile ↗

Prénom d'origine grecque qui signifie « qui aime Dieu ». **Personnalité :** intelligence, ambition, travail, impatience. **Fête** le 20 décembre. **Saint Théophile** est patriarche d'Alexandrie au IVe siècle. **Célébrité :** Théophile Gautier, écrivain.

Thibault

Prénom d'origine germanique, dérivé de Théobald qui signifie « dieu audacieux ». **Personnalité :** sensibilité, exigence, réserve, prudence. **Fête** le 8 juillet. **Saint Thibaut,** moine cistercien au XIIIe siècle, est un conseiller de Saint Louis. **Autre orthographe :** Thibaud.

Thomas

Prénom d'origine araméenne qui signifie « jumeau ». **Personnalité :** sensibilité, réflexion, réalisme, fidélité. **Fête** le 3 juillet. **Saint Thomas** est apôtre de Jésus. Il évangélise la Perse et l'Inde après la Pentecôte. **Diminutif :** Tom. **Célébrité :** Thomas Dutronc, musicien.

Tiago

Prénom d'origine espagnole, diminutif de Santiago, forme espagnole de Jacques. **Personnalité :** énergie, sociabilité, autonomie, charisme. **Fête** le 3 mai. **Saint Jacques,** apôtre du Christ, est son patron. **Variante :** Santiago.

Timéo ↗

Prénom d'origine grecque, diminutif de Timothée, qui signifie « honneur de Dieu ». **Personnalité :** sensibilité, exigence, perfectionnisme, élégance. **Fête** le 26 janvier. **Saint Timothée,** disciple de saint Paul, est son patron.

Timothée ↑

Prénom d'origine grecque qui signifie « honneur de Dieu ». **Personnalité :** indépendance, intuition, adaptabilité, adresse. **Fête** le 26 janvier. **Saint Timothée** est un disciple de saint Paul, et premier évêque d'Éphèse. **Diminutif :** Tim.

Titouan ↑

Prénom d'origine latine, diminutif d'Antoine qui signifie « inestimable ». **Personnalité :** équilibre, curiosité, communication, charme. **Fête** le 13 juin. **Saint Antoine de Padoue,** né au Portugal au XIIe siècle, devient moine franciscain, prêche au Maroc, puis il enseigne la théologie à Padoue. De santé fragile, il meurt prématuément. Il est nommé docteur de l'Église. **Célébrité :** Titouan Lamazou, navigateur.

Tom

Prénom d'origine araméenne, diminutif de Thomas qui signifie « jumeau ». **Personnalité :** sociabilité, charisme, adaptabilité, curiosité. **Fête** le 3 juillet. **Saint Thomas** est apôtre de Jésus ; il évangélise la Perse et l'Inde.

Tristan

Prénom d'origine celte, du nom d'un héros de légende médiévale. **Personnalité :** indépendance, ambition, sociabilité, activité. **Fête** le 12 novembre.

U

Ulysse

Prénom d'origine grecque, du nom du héros de *L'Odyssée,* œuvre d'Homère. **Personnalité :** autorité, courage, passion, exigence. **Fête** le 10 juillet. **Saint Ulric,** né en Bavière au XIe siècle, entre chez les bénédictins de Cluny, puis fonde plusieurs monastères en Suisse et en Allemagne.

V

Valentin

Prénom d'origine latine qui signifie « vaillant ». **Personnalité :** diplomatie, sociabilité, impatience, attention. **Fête** le 14 février. **Saint Valentin,** prêtre à Rome au IIIe siècle, est victime des persécutions de l'empereur Claude. **Féminin :** Valentine. **Célébrité :** le fils d'Yves Montand.

Victor

Prénom d'origine latine qui signifie « victoire ». **Personnalité :** générosité, épicurisme, calme, sociabilité. **Fête** le 21 juillet. **Saint Victor**, soldat romain au IIIe siècle, refuse d'honorer l'empereur et détruit les statues païennes ; il est exécuté. **Féminins :** Victoria, Victoire. **Célébrités :** Victor Duruy ; Victor Hugo.

Victorien

Prénom d'origine latine, dérivé de Victor qui signifie « victoire ». **Personnalité :** activité, fidélité, goût du pouvoir, exigence. **Fête** le 21 juillet. **Saint Victor,** soldat romain au IIIe siècle, est condamné à mort pour avoir refusé d'honorer l'empereur et d'adorer les statues païennes **Féminin :** Victorine.

Virgile

Prénom d'origine latine, patronymique. **Personnalité :** activité, adresse, perfectionnisme, sociabilité. **Célébrité :** le poète latin Virgile, au Ier siècle avant J.-C.

W

William

Forme anglo-américaine de Guillaume, d'origine germanique, signifiant « volonté de protection ». **Personnalité :** énergie, affectivité, perfectionnisme, charisme. **Fête** le 10 janvier. **Saint Guillaume,** archevêque de Bourges au XIIIe siècle, est son patron. **Variantes :** Bill, Billy. **Célébrité :** le prince William d'Angleterre.

Y

Yanis ↗

Prénom d'origine hébraïque, dérivé grec de Yann qui signifie « Dieu a fait grâce ». **Personnalité :** activité, curiosité, adaptabilité, sociabilité. **Fête** le 27 décembre. **Saint Yann,** prêtre à Rennes au XIIIe siècle, adopte la règle très austère de saint François d'Assise au couvent de Quimper.

Yohan ↑

Prénom d'origine hébraïque, variante de Jean. **Personnalité :** sensibilité, imagination, tolérance, générosité. **Fête** le 24 juin. **Saint Jean,** apôtre du Christ, est son patron.

Z

Zacharie ↑

Prénom d'origine hébraïque qui signifie « Dieu s'est souvenu ». **Personnalité :** volonté, ambition, rapidité, travail. **Fête** le 5 novembre. **Saint Zacharie** est le mari de sainte Élisabeth, la cousine de Marie, et le père de saint Jean-Baptiste. **Célébrité :** le fils de Robin Williams.

Index

Garçons